DA ANSIEDADE À ILUMINAÇÃO

UMA AUTOBIOGRAFIA ESPIRITUAL

SHIRLEY VENANCIO

Dados Internacionais de Catalogação na Publicação (CIP)
(Câmara Brasileira do Livro, SP, Brasil)

Venancio, Shirley
    Da ansiedade a iluminação : uma autobiografia
espiritual / Shirley Venancio. -- 1. ed. --
Florianópolis, SC : Ed. da Autora, 2022.

    ISBN 978-65-00-46177-0

    1. Autoconhecimento 2. Espiritualidade 3. Relatos
de experiências 4. Venancio, Shirley I. Título.

22-112916   CDD-133.9

Índices para catálogo sistemático:

1. Espiritualidade   133.9

Aline Graziele Benitez - Bibliotecária - CRB-1/3129

———

Para a minha mãe, a minha rainha, que cumpriu com a sua
missão em vida,
me ensinou o que é o amor da maneira mais linda que ele
pode existir: incondicionalmente.

Por ela estou aqui e sigo acreditando que tudo é possível.
Por ela realizo este sonho e sigo com muita coragem.

Levando novos olhares sobre
a vida, a morte e a espiritualidade.

———

INTRODUÇÃO

DE ONDE SURGIU A IDEIA DESTE LIVRO

Escrever um livro nunca esteve nos meus planos, nem em sonho, até porque era algo muito distante da realidade que fui criada.

Eu nasci numa família humilde e cheia de amor, mas o hábito da leitura não era incutido, assim como nos meios em que eu convivia quando criança ou adolescente.

Fui me interessar de verdade pela leitura só depois de adulta, quando coloquei no meu mural de metas que queria adquirir esse hábito e, determinada, fui ganhando gosto, claro, porque percebi que muito conhecimento vindo através dos livros foram mudando o meu olhar pela vida.

Em março de 2021, recebi a visita do meu Mentor Espiritual — pausa para ressaltar que eu não sabia da sua existência, nem sequer que ele iria aparecer justamente em um dos momentos mais difíceis da minha vida, no qual eu estava praticamente sentada no fundo do poço e de lá estava muito difícil de sair.

Não imaginava também que ele viria até mim através de uma incorporação numa amiga que eu desconhecia a mediunidade.

Meu mentor veio me trazer a direção para que, enfim, eu conseguisse viver daquilo que o meu coração e a minha alma tanto ansiavam — seguir profissionalmente fazendo o bem para as pessoas, levando o amor.

Nessa altura da história, eu só sabia disso. Eu não tinha clareza do que eu seguiria fazendo, apenas que levaria o amor e a luz de Deus adiante, falando sobre o Reino dos céus aqui neste momento da modernidade — que não é mais nada do que a consciência do mundo espiritual, da existência real da espiritualidade.

Ele veio e me disse que não adiantava mais eu fugir, que essa era a minha missão de vida nesta encarnação. Por isso, não estava dando mais para eu tentar por outros lados, a hora era agora, eu precisava entender, seguir exatamente suas orientações, reaprender a viver e começar a executar o que já havia sido programado antes de eu vir para Terra nesta vida.

Além das direções bem detalhadas dessa nova forma que eu deveria me posicionar diante da vida, que eu já falo a seguir, ele me trouxe a informação de que eu iria escrever um livro, que assim que eu sentisse que fosse o momento, já poderia começar. Que eu não me preocupasse com nada com relação a ortografia, a gramática, pois isso teriam pessoas para ajudar, que eu deveria me preocupar apenas em escrever a minha história e que a minha história iria ajudar muitas pessoas mundo afora, que iria ajudar com que muitas pessoas não perdessem as suas vidas.

Como eu recebi essa informação?

Chocada e duvidando de tudo, pois parecia tudo muito fora da minha realidade. Primeiro por eu não me considerar inteligente o suficiente para algo nesse sentido, culta ou capaz, o necessário para escrever um livro.

Até faria sentido eu falar sobre a minha história, pois realmente até os meus 41 anos de idade, que era a idade que eu tinha quando esse episódio aconteceu, já havia passado por situações desafiadoras e as superado com muita força e resiliência. Eu, de fato, concordei com ele pois os meus aprendizados através das minhas dores — que transformei em amor —, poderiam ajudar as pessoas a terem outro olhar por si mesmo, pela vida, pela morte e por tantas doenças que se fazem presentes em nossas vidas.

Mas ele me dizer que seria "mundo afora" foi demais.

Naquele momento, com todo o meu ego em ação, pensei:

mundo afora, como assim? Que exagero! Como eu, que vivo aqui o ápice do caos de uma ansiedade, sem encontrar a saída para uma melhora; como eu, um ser humano que está com sérias dificuldades de se recolocar profissionalmente, sem dinheiro, sem ninguém que eu possa contar financeiramente na família, de família humilde... Como eu vou escrever um livro que vai ajudar pessoas "do mundo todo"?

Todo fluído dessa informação era de pura luz, de puro amor, vinha de Deus, não tinha como eu questionar qualquer coisa desse ser tão especial que vive no mundo espiritual e é responsável por me guiar por aqui.

A minha amiga mudou totalmente sua entonação de voz, sua postura. Os encadeamentos de ideias e as palavras utilizadas jamais fariam parte do que Clara é. Ele estava ali, nenhuma dúvida existia.

Para que esse livro se tornasse real, eu precisaria aprender a viver com essas orientações que, desde aquele dia, se tornaram como um mantra na minha vida:

Shirley precisamos que você:
. Acredite!
. Não tenha medo.
. Ouça a voz do coração, por meio dela, tudo se concretizará.
. Siga a sua intuição sempre!
. Não se preocupe com dinheiro. Para que a vida que você deseja viver aconteça, você não pode se preocupar com o dinheiro.
. Dê atenção a sua Espiritualidade.
.Comece a escrever a sua história.

Dali em diante, segui certa de que eu iria fazer isso sim, que eu escreveria este livro, afinal, todas as explicações vindas do mundo espiritual quanto aos "porquês" de me tornar escritora, foram totalmente convincentes.

Eu só precisava me curar de tantas dores e feridas emocionais que faziam parte de mim e que eu não tinha noção da gravidade, do quanto isso impactava em toda a minha vida, em todos os meus corpos, na minha saúde mental e emocional.

O que eu não sabia também, é que a história que eu contaria no livro iria ser vivida praticamente toda após esse encontro. Eu viveria a partir desse dia profundas e milagrosas experiências espirituais para que fizesse parte desta autobiografia.

Meses intensos foram vividos até que em dezembro de 2021, recebi a mensagem de que eu já tinha tudo para escrever este livro. O manuscrito foi escrito em duas partes: em dezembro daquele mesmo ano e em abril de 2022, seguindo agora o seu rumo para cumprir com o seu propósito, que é levar um outro olhar sobre a espiritualidade e expandir cada vez mais o amor e a luz de Deus sobre a Terra.

A BUSCA INTERIOR

A terapia semanal já fazia parte da minha vida há 2 anos quando veio a pandemia. Eu já vinha me autoconhecendo, vinha descobrindo coisas ao meu respeito que eu nem sonhava existir como, por exemplo, o que havia sofrido quando criança por ter passado por tudo o que passei com uma mãe esquizofrênica. Eu achava que estava tudo bem ter passado boa parte da minha infância fazendo visitas em hospitais psiquiátricos, que estava tudo bem ter aprendido aos meus 4, 5 anos que eu não poderia incomodá-la para não correr o risco de ela ser amarrada numa camisa de forças e ser levada numa ambulância para ficar semanas, meses longe de mim.

Eu não sabia que havia sofrido pela morte da minha mãe, custei a viver o luto, pois inconsciente eu não queria que ela sofresse de onde quer que estivesse.

Eu não sabia que não cuidava de mim, apenas do outro. Eu não sabia de tanta coisa e sentimentos, inquietações que estavam escondidos nas camadas mais profundas do meu ser e que foram emergindo.

A Pandemia foi o despertar para uma busca interior profunda. Ficando em casa, tendo muito mais contato comigo, silenciando muito mais, eu fui tendo consciência de que existia um vazio imenso dentro de mim, um buraco absurdo, algo que chegava a doer. Mas o que poderia ser se eu estava no meu melhor momento profissional, se eu estava super bem financeiramente, no meu relacionamento, com a minha família, com meus amigos, com a minha saúde, mesmo com a ansiedade, pois era algo que eu tratava.

Esse vazio só aumentava e eu precisei fazer escolhas práticas, pois tudo indicava que era a hora certa de eu me redescobrir e se fosse para começar uma outra vida para eu me sentir realizada, eu estava disposta.

Mas que outra vida, meu Deus? Se aparentemente estava tudo bem?

Eu tinha claro que só eu poderia fazer algo por mim e o meu coração dizia que eu deveria seguir fundo em busca de me autoconhecer, me entregar e não desistir, mesmo que, para isso, eu passasse por profundos sofrimentos, pois eu sabia que esse seria o caminho para uma vida plena e realizada.

Fiz a minha primeira imersão. Foram 27 dias nas profundezas do meu íntimo buscando me conhecer e ver o que significava aquela sensação de vazio. Depois desse processo, tudo começou a ficar mais claro, comecei a perceber que existiam caminhos para eu sair de onde eu estava e o principal era eu buscar encontrar a minha verdadeira essência, a minha mais profunda identidade. Assim o fiz, segui fazendo exercício valiosos de autoconhecimento durante a minha formação em coaching humanizado e, por meio desse caminho, já sabia quem eu era, já havia encontrado e assumido a minha verdadeira essência.

Eu era amor, puro amor, puro sentimento — e assumir essa verdade foi libertador. Tudo começou a fazer sentido e a luz vinha cada vez mais forte na minha direção.

A filosofia iogue, a meditação, a minha dedicação por aprender a silenciar, me levaram para onde eu não sabia ser possível chegar, para um eu desconhecido, para um eu que é totalmente desapegado do ego e da matéria, um eu que visa o bem maior pois vive a realidade consciente de que é um ser espiritual que vive essa passagem pela Terra.

Eu encontrei uma verdade absoluta, eu encontrei uma verdade universal, eu encontrei em todos nós um Deus.

Tudo o que eu acessei após a iluminação, ainda tenho dificuldade em traduzir em palavras, em expressão compatível com a vida humana. Foram sensações e vivências que são desconhecidas do nosso vocabulário, que fogem a qualquer conceito da vida material. Foram momentos transformadores que me conectaram ao Divino e à Unidade e, dessa forma, sigo aprendendo a viver e conviver com a rotina e com as situações que se apresentam à mim diariamente desde aquele fatídico dia.

Por meio da meditação e da busca interior, acessei um fluído universal do amor existente dentro de todos nós, encontrei a unidade e pude ter a certeza de que estamos todos conectados e precisamos nos atentarmos, pois essa realidade nos pede que possamos dar as nossas mãos e seguirmos vivendo o amor e a caridade na prática.

A minha luta incansável por compreender as minhas inquietações, o desejo ardente por me curar de todas as minhas dores e feridas emocionais que adquiri ao longo da vida, por me livrar das crenças que me limitavam sobre a vida e sobre quem eu era... Todo esse desejo de libertação era porque, no fundo, eu intuía e acreditava piamente ser possível viver com paz no coração — com plena e contínua paz no coração.

Outra consciência, novos paradigmas vieram até mim depois de 28/09/21, quando vivi essa experiência luminosa e transformadora, que eu nem sonhava existir e tão menos ser algo que as pessoas almejam alcançar.

Confio que a minha história com a minha mãe, tanto em vida na Terra, quanto em vida no plano espiritual possa ajudar você a ter um outro olhar sobre as pessoas que "morrem", encontrando novas formas de lidarmos com a morte, pois essas almas continuam mais vivas do que nunca e participando, assistindo todo nosso processo por aqui após o seu desligamento do mundo material.

Que a minha experiência com as doenças possam ajudar você a ressignificar muitos conceitos e seguir dando um outro sentido para os presentes que Deus nos envia para a nossa evolução aqui nesta passagem pela Terra — e espero, de todo o meu coração, que você decida não seguir na superficialidade, que assuma e aceite que por trás das fortalezas que criamos, dizendo que somos nós mesmos, existem seres sensíveis, que se emocionam; que assumir a nossa vulnerabilidade é um dos maiores atos de coragem. Com isso, nos libertamos e ganhamos forças inimagináveis.

Espero que este livro possa de verdade mostrar a importância do autoconhecimento como uma busca interior reveladora, transformadora e principalmente libertadora. Não é um tema que está em alta, não é "papinho" de auto ajuda, é sim um caminho lindo, doloroso sim e esplêndido, que nos leva a uma leveza que não imaginamos ser possível aqui nessa Era turbulenta, que nos leva a um êxtase em plena modernidade.

O autoconhecimento iluminou a minha vida de uma forma que eu nem sonhei ser possível. Sinto forte em meu coração que assim como foi possível para um ser que vivia em pura ansiedade, é possível para quem assim o desejar, se entregando e confiando, pois é da vontade de Deus que alcancemos a paz aqui na Terra.

Boa leitura para você. Que você siga confiante que é possível também alcançar esse estado de graça que me libertou das minhas maiores prisões mentais, me levando ao milagre que foi encontrar Deus dentro do meu próprio coração e com ele seguir todos os dias o tempo todo.

CAPÍTULO UM

QUE REMÉDIO EU TOMO DOUTOR?

Era fevereiro de 2021 e eu estava em um dos piores momentos da minha vida com relação a seguir um novo rumo profissional. Eu não tinha mais muito tempo. Olhando racionalmente para a minha situação, precisava logo começar a gerar renda pois o meu dinheiro estava acando.

Em julho de 2020, adoeci com Síndrome de Burnout e fui forçada a olhar para o que estava acontecendo, para a razão daquela doença.

Adoeci num grau altíssimo que me paralisou de diversas maneiras, mas a mais desafiadora e dolorosa foi lidar com uma significativa perda de memória.

Imagina! Para uma pessoa super ativa, com a cabeça que vivia *a milhão*, fazendo mil coisas ao mesmo tempo, criando e encontrando solução para tudo e todos... De repente eu não conseguisse criar uma frase simples. Eu não recordava o nome dos objetos, das coisas, eu não conseguia ter encadeamento de ideias. Que sensação era essa? Um sinal de que não somos nada sem saúde. Não tive escolha, precisei olhar para algo que estava gritando por socorro na minha alma, ao ponto de atingir o meu corpo físico.

Um grande sinal de alerta acendeu, eu queria falar:

— Alcance essa caneta.

Contudo, não conseguia lincar o nome das coisas. Simplesmente eu não sabia mais o nome daquele objeto chamado caneta, a palavra havia desaparecido da minha memória. Amedrontador.

Essa foi a primeira vez nos meus 40 anos que eu havia parado para cuidar de mim integralmente, olhar para a minha saúde num todo: emocional, física e até então eu não sabia que também iria olhar também para a saúde do meu corpo espiritual.

Aliás esta última parte eu nem sabia que existia.

Foi a primeira vez em 19 anos de vida profissional que eu havia decidido cuidar da minha saúde. Havia aceitado com muito custo o atestado de 30 dias que o psiquiatra havia me dado, pois não havia outra saída e decidi cuidar de mim.

Eu não acredito em coincidências, para mim, está tudo conectado. Logo no primeiro dia em que eu fiquei em casa sem trabalhar, foi também o meu primeiro dia de aula de uma formação que eu sonhava muito fazer. Eu estava prestes a realizar um grande desejo, sempre quis fazer esse curso com os mais bem conceituados coachings da região, do estado e, a meu ver, do país: a Vanessa e o Juliano Tobias.

Dessa maneira, tive a oportunidade de fazer toda a formação me dedicando integralmente aos estudos e a auto aplicação.

A formação era em Life Coaching e Coaching Executivo Humanizado. Todos os estudos, todas as ferramentas estudadas, eram aplicadas em nós mesmos.

Se eu já vinha numa busca por autoconhecimento nos últimos anos, principalmente com a vinda da pandemia, aquele certamente foi o mergulho mais profundo que eu poderia dar.

Tínhamos encontros ao vivo e on-line todas as quartas, discutíamos em grupos os conteúdos, trazíamos as experiências vividas com a prática das ferramentas e, ao longo da semana, me dedicava diariamente aplicando todos os estudos e os exercícios em minha rotina.

Era tão transformador tudo o que eu ia descobrindo sobre mim! Sobre formas que eu poderia lidar com situações da minha vida... A cada dia me envolvia mais naquela imersão.

TERMINEI E AGORA?

Do meio para o final da formação, comecei a montar um curso on-line que seria o meu meio de sobrevivência dali para frente —

era o que eu pensava. Ele se chamaria Mude e Realize.

Definido o que eu gostaria que a pessoa encontrasse naquele curso, fechei as ferramentas que seriam aplicadas, comecei a estruturar os encontros, o formato que seria apresentado, se seria gravado ou ao vivo e lá fui eu. Chegou o dia D, comecei a gravar os encontros.

Para que eu me sentisse mais à vontade para gravar essas aulas/apresentações das ferramentas a serem aplicadas pelos Coachees, me trancava sozinha no escritório que dividíamos para tentar fechar o material.

Eu gravava, gravava e, enquanto me olhava na câmera do celular, sentia:

Não é esse o seu caminho. Você não está sendo você.

Jesussss! Como assim eu começava a ouvir e sentir isso dentro de mim?

Eu adoeci, me vi num buraco, fiquei na perícia, pedi demissão por que entendi que a minha trajetória no varejo havia se encerrado, passei toda a minha formação estudando e me autoconhecendo de forma intensa e presente, entendi qual seria a minha linha de atuação, que eu seguiria ajudando as pessoas a encontrarem a sua verdadeira essência, se libertarem das suas dores, das suas máscaras, dos seus medos, das crenças que as limitam de ter uma vida plena e feliz e agora eu olho para mim e ouço algo que vem de dentro de mim me dizendo que não é esse o meu caminho?

Eu entendi que eu queria ajudar as pessoas nos seus processos de autoconhecimento, vi e revi as milhares de ferramentas e escolhi quais fariam parte desse meu primeiro curso e agora na hora de gravar para eu fazer dinheiro, o que eu escuto?

"Não é esse o seu caminho. Não adianta você insistir por nenhum lugar, o seu caminho é o amor, trabalhar com o amor, levar o amor, fazer o bem levando o amor".

Você consegue adivinhar o que aconteceu? Fui tomada por uma angústia infinita, parecia que uma venda tapava os meus olhos e que eu não conseguiria enxergar mais nada. Era como se eu não fosse capaz de dar um passo à minha frente.

Insisti por mais algumas semanas, continuei gravando as aulas. Por que não ao vivo? Porque pensando racionalmente, seria melhor ter aulas gravadas, assim eu atingiria o maior número de pessoas e me traria mais dinheiro, eu poderia escalar.

Mas meu Deus, como eu tinha tomado essa decisão de fazer nesse formato para dar mais dinheiro se tudo o que o meu coração mais queria era que os encontros fossem presenciais, que eles fossem ao vivo para que eu pudesse ter a minha escuta aberta diante do grupo.

Sim! Tudo o que eu mais desejava era ouvir as dores das pessoas, abrir um espaço de fala, de cura e de libertação emocional. E o que eu estava ali tentando? Tentando gravar em 20 minutos um conteúdo robotizado. Insisti nesse formato mais um pouco e a mensagem, a voz continuava a me dizer: "Não siga! Não é por aqui."

ANGÚSTIA

Dezembro de 2020, formação concluída, propostas de empresas para eu prestar consultoria com contrato de 2 anos com um bom salário mensal, curso pronto e estacionado, ansiedade a mil, milhões de pensamentos habitavam a minha cabeça e trabalhavam num formato liquidificador. A única certeza que eu tinha naquele momento, era que precisava seguir o que o meu coração e o que aquela voz me dizia; que não adiantava eu tentar seguir por outros lados, o meu caminho profissional era levando o amor e fazendo o bem.

A questão é que essa possibilidade parecia impossível naquele momento, na verdade, ela não existia, eu não enxergava formas disso se tornar real e aí foi que a minha mente foi "enlouquecendo" de vez. A ansiedade que eu tratava, voltou a ficar incontrolável e uma angústia que até então não existia, descomunal, passou a ser presença frequente no meu ser, nos meus dias, na minha vida.

Eu vi que daquele jeito eu não conseguiria me movimentar para lugar nenhum, eu estava voltando para o buraco do qual eu achava que estava enfim saindo. Foi aí que tomei a decisão de continuar mais um tempo cuidando da minha saúde, tentando me desligar mais um tempo das preocupações com dinheiro pois eu estava com muito medo de voltar a adoecer mentalmente, psicologicamente.

Foi a melhor escolha viver o final de ano, passar as festas tranquilamente, tentar relaxar um pouco no mês de janeiro.

Quando falo relaxar, quero dizer tentar fazer qualquer coisa, parar de insistir, parar de procurar saídas. Assim, segui janeiro, achando que estava melhorando, mas eu não tinha consciência de que a pior parte da ansiedade que eu já vivi estava por vir. E o pior, agora ela vinha acompanhada de uma tristeza profunda, não existente até então em nenhuma fase da minha história.

Eu andava pela casa lendo num canto, ouvindo uma meditação guiada pelo outro, insistia em ir para a academia tentando equilibrar serotoninas e endorfinas.

Já não estava mais conseguindo conversar com as pessoas, procurar amigos. Chegava a desviar das pessoas que amo quando as encontrava em algum lugar. Eu não conseguia atender telefonemas, só sentia vontade de chorar devido a quantidade de dor e tristeza dentro de mim.

Lembro-me de um dia, andando pelo corredor do nosso apartamento, no qual parei na porta do escritório da Roberta que estava aberta e desabei a chorar, desesperadamente. Eu só conseguia dizer que não sabia o que estava acontecendo. Eu sentia uma tristeza gritando no meu peito, no meu coração e não tinha motivo claro, aparente.

Não, não era depressão. Era esse o primeiro questionamento que vinha quando eu comentava isso com algumas pessoas bem próximas. Eu já tive depressão duas ou três vezes ao longo da vida e sabia distinguir bem. O que estava sentindo não era uma depressão.

Eu chorava, chorava. Aquela água limpava um pouco o tanto de dor que eu sentia e, assim, seguia meus dias.

PRECISEI PROCURAR UM PSIQUIATRA

Desde que eu tive a minha primeira crise forte de ansiedade, em 2018, procurei ajuda de um psiquiatra.

Eu não sabia que viver dentro daquela cabeça seria tão perigoso!

Eu não tinha ideia de que eu alimentava monstros dentro de mim e que eles ganhavam força cada vez que eu olhava para eles — eu estou falando dos pensamentos. Eu não fazia ideia de que, dando atenção a cada um deles, eu encontrava outros e outros monstros que iam formando bandos que me assombravam os dias.

Essa analogia reflete um pouco como funciona a cabeça de um ser humano ansioso, ansioso de forma doente, patológica, que era o que eu vivia.

Esses monstros davam cria e a minha ignorância quanto a origem do pensar, dos pensamentos, fazia com que eu os alimentasse cada vez mais criando perturbações como o medo, insegurança, urgências, receios, memórias de incapacidades e por aí vai.

Me tratei por 2 anos com uma psiquiatra incrível que me acolheu no ápice da minha ansiedade, na primeira crise que chegou a me impedir de sair da cama para ir trabalhar, de me relacionar, que me levou a me distanciar do trabalho por 15 dias. Nessa fase a ansiedade era tanta que meu corpo vivia dormente e uma náusea permanente me impedia de comer.

Eu lembro da minha primeira consulta com essa psiquiatra. A minha cabeça estava um caos, eu não tinha mais vontade de fazer nada, de tanta ansiedade.

Eu fiquei esgotada como nunca imaginei ficar um dia e esse esgotamento não era do trabalho, não era de cobrança alguma, até por que eu estava na empresa dos meus sonhos, as lojas Kanto A. Aquela era o meu sonho de empresa, que presava pelos mesmos valores que eu; amor e respeito por todos, pelos clientes, colaboradores, fornecedores e assim como eu, acreditavam que verdadeiramente só trabalha bem quem é bem tratado e valorizado. Então a doença não vinha de fora, vinha de mim, eu mesma era fonte causadora daquilo tudo que eu estava vivendo. Como assim? A culpa é minha então por eu ser ansiosa?

Vou explicar melhor. O fato de eu ter convivido por muito tempo em ambientes que demandavam urgência, que existia alta cobrança na entrega de resultados, não percebi que fui me tornando aquele ser que o ambiente me solicitava ser.

Anos e anos convivendo com um senso de urgência, com medo, com preocupações, com prazos... Tendo sempre que fazer melhor e melhor, entregar mais e mais, tendo que ser a melhor possível dentro de tudo o que eu lidava. Tudo isso fez com que a minha mente se tornasse fruto daquele meio.

Aí a importância de se estar presente a cada escolha feita em nossas vidas, tendo a capacidade de analisar se o que estamos vivendo está nos fazendo bem, se passar pelas situações que o local ou as pessoas nos condicionam é realmente a melhor escolha naquele momento.

Analisar se realmente desejamos nos encaixar para sermos

felizes, se isso vai de encontro com os nossos objetivos, com os nossos valores.

Pois bem, optei por trocar de psiquiatra, encontrando o amoroso Doutor Rômulo por indicação de uma amiga que era paciente dele.

Um jovem e sábio psiquiatra. Foi já paciente dele que comecei a sentir os primeiros sintomas da Síndrome de Burnout e com ele comecei o tratamento.

Hoje enxergo essa doença como uma grande benção na minha vida. A maioria das doenças vêm nos trazer ensinamentos, vêm nos sinalizar algo e nos trazer aprendizados para a nossa evolução.

O Burnout foi um grito que me disse:

— PARE E OLHE PARA VOCÊ! Esse caminho foi bom até agora, mas você precisa rever suas rotas.

"ESTOU MELHORANDO!" – Doce ilusão.

Eu tinha saído da consulta feliz. O doutor havia me dito que iríamos espaçar mais nossos encontros, que eles poderiam até ser trimestrais!

Só que para a minha frustração, ainda no final do primeiro mês, precisei pedir socorro. Enviei uma mensagem dizendo como eu estava me sentindo e que não daria conta de continuar por mais dias daquele jeito. Alteramos a medicação e confiante, segui acreditando na melhora.

Eu não estava mais dando conta daquela ansiedade, daquela angústia gigantesca que estava me consumindo. Mais uma vez fui obrigada a ir ao encontro dele, ajustamos a medicação novamente com a esperança de melhora. Doce ilusão! O caos mental continuava a crescer intensamente.

Tempos depois desse novo ajuste da medicação, meu estado só piorava e a angústia era algo que já não cabia mais em mim.

Desesperadora! Eu não via mais saída para voltar a viver, pois a sensação que eu tinha era de que eu estava sobrevivendo a uma guerra interna.

Eu procurava fazer de tudo para melhorar, procurava fazer coisas que gostava, me divertir de alguma forma. Lembro-me de duas coisas que me faziam muito bem: trilhas e ir visitar a bebê filha de um casal de amigos do coração que tanto amo, a Céres. Brincar com criança me levava para outro lugar, mas eu precisava voltar para o meu mundo e buscar uma solução para sair daquele fundo do poço que eu me encontrava.

Cheguei à conclusão, mais uma vez, de que eu não poderia esperar pela próxima consulta, iria novamente adiantar. Não tinha outra saída, eu estava prestes a surtar. Decidi então que no dia seguinte, no primeiro horário, iria ligar para agendar — isso era final de fevereiro, início de março de 2021. Nesse mesmo dia, antes dormir, fiz o que vinha fazendo intensamente: tive uma conversa com Deus.

Fui pedir ajuda para que eu pudesse enxergar o caminho a ser seguido, que eu pudesse encontrar a saída para não sentir mais aquela angústia, que eu pudesse encontrar a saída para me curar. Pedi que me mostrasse o caminho para eu poder ganhar dinheiro para viver, fazendo o que eu sentia que era o que eu precisava fazer.

A minha alma tinha urgência e eu sabia que não tinha mais como fugir; eu precisava "viver do amor", trabalhar levando o amor, fazendo o bem de alguma forma que eu não sabia exatamente qual era, eu só sabia que era tudo o que eu mais precisava para seguir feliz nesta vida.

Pedi para que me ajudasse a me curar daquela angústia infinita que me adoecia cada vez mais.

As minhas orações estavam mudando aos poucos, eu percebia. O meu nível de conexão ia se intensificando cada vez mais e eu notava que o meu estado de consciência ia para outra dimensão enquanto eu orava, um lugar fora daqui onde estamos.

Eu sempre conversei com Deus, sempre acreditei nele, em Jesus Cristo, mas uma transformação vinha acontecendo nas minhas orações, eu começava a sentir uma espécie de fluído presente nos momentos em que eu me conectava com eles, uma força muito intensa que me ligava diretamente a Deus.

UMA CONSULTA INESPERADA

Naquela mesma noite, tive um sonho e ele foi totalmente real. Eu estive lá, naquele lugar, vivi aquilo, não era como os sonhos comuns que a gente sabe que é um sonho.

Aquela cena foi verdadeira, tanto quanto o que vivemos aqui acordados, tanto quanto o ar que eu respiro.

Eu me desloquei para outro lugar e fui ao encontro deles.

Eu fui para um pequeno jardim que fazia ligação com uma cachoeira e quando olhei para o meu lado direito, ali estava ele, sentado em uma mureta de pedra — o Doutor José Carlos.

Quem é o Doutor José Carlos?

Eu praticamente nasci participando das consultas psiquiátricas da minha mãe. Ela foi diagnosticada com esquizofrenia quando tinha 17 anos e me deu à luz aos 24 anos. Desde que eu me entendo por gente, já participava de todas as atividades que envolviam o seu tratamento psiquiátrico.

Eu ia junto às consultas, nos encontros de terapia ocupacional semanal, nas confraternizações.

Ela era uma paciente muito envolvida com a sua própria melhora, comprometida, então tudo o que o Centro de Apoio Psico Social - CAPS oferecia, lá estava ela, e eu claro!

O doutor José Carlos era o seu psiquiatra. Ela tinha um amor imenso por ele e eu também, por sempre acompanhar a maneira amorosa e cuidadosa dele para com ela.

Ele adorava crianças e tinha toda a paciência do mundo para responder todas as minhas perguntas sobre a sua patologia. Eu o bombardeava desde criança, já com o interesse de ajudá-la a se sentir um ser humano normal, pois era assim que eu a via e era dessa maneira que eu me comunicava e me relacionava com ela.

Ele era um médico muito especial, a acompanhava há muitos anos, décadas, eu diria. Era atencioso, carinhoso e estava sempre disponível, a conhecia como muitos da nossa própria família não chegaram a conhecer.

Foi a partir da minha adolescência, depois juventude, que passei a participar mais ativamente das consultas da minha mãe procurando entender melhor a sua doença e o seu tratamento, para que cada vez menos ela fosse internada em hospitais psiquiátricos. Aquilo funcionou. O que na minha infância era comum ser duas ou três vezes no ano, agora eram cada vez mais espaçadas suas internações. Foi passando a ser a cada 2 ou 3 anos. Por fim, quando ela "faleceu", tinha um imenso orgulho em dizer que fazia mais de 9 anos que não era internada.

O Doutor José Carlos faleceu uns 5 anos antes da minha mãe, foi uma difícil adaptação para ela, certamente para todos os seus pacientes e familiares.

Voltando ao sonho: ali estava ele, do meu lado direito, pronto para conversar comigo. Olhei para ele, muito feliz e espantada ao mesmo tempo. Falei:

— Doutor José Carlos! O senhor por aqui? Mas o senhor não morreu?

Ele, com um semblante muito tranquilo e um olhar sereno, sorriu para mim e respondeu:

— Sim!

Então, perguntei:

— Mas se o senhor morreu, o que o senhor está fazendo aqui?

Ele se virou para o nosso lado esquerdo e olhou para um lugar a uns dez passos à nossa frente e sinalizou com os olhos e com a sua cabeça como quem diz:

— Olhe ali que você vai entender o porquê estou aqui.

(forte emoção por aqui)

Lá estava a minha mãe.

Encostada num muro que tinha uma altura um pouco abaixo dos seus ombros (ela tinha 1.60m), todo coberto com folhagens verdes.

Ela estava tranquila, sorria delicadamente com um olhar amoroso. Colocou as duas palmas das suas mãos para cima e mexeu os ombros como quem diz: "Você não queria ajuda? Eu trouxe, estamos aqui".

No sonho, não me envolvi emocionalmente a essa cena, por incrível que pareça. Apenas compreendi a razão dele estar ali e que eu precisava aproveitar ao máximo aquele momento, aquele encontro.

Voltei minha atenção para ele que estava a um passo de mim. O seu semblante, do Doutor, era de muita paz, de muito amor, ele tinha um olhar disposto e muito acolhedor. Comecei então a pedir ajuda a ele. Lembrando que nessa noite antes de dormir e no exato momento da vida eu estava em estado de desespero.

Aproveitando esse encontro, comecei a pedir ajuda, era a minha salvação:

— Doutor, que bom que o senhor está aqui! Eu preciso muito da sua ajuda. Me diga, qual remédio devo tomar para melhorar? Eu não aguento mais! Me ajude, doutor! Qual remédio eu tomo? Eu não aguento mais!

Algo me dizia que ele iria me ajudar a sair do caos mental que eu vivia, que poderia me ajudar a encontrar a cura para a ansiedade.

Tempos depois a cura veio através do que me receitou aquele dia, a intuição se confirmou.

A resposta? Yoga. Essa foi a única resposta dele — nem uma

palavra a mais nem uma palavra a menos. Yoga.

Espantada, segui o questionando:

— Tá doutor, mas e o remédio? Qual remédio eu devo tomar para melhorar? Eu não aguento mais, eu não fico boa, eu só pioro. Qual remédio eu devo tomar, doutor?

Ele, muito seguro da sua receita, repetiu mais uma vez e complementou:

— Yoga. A yoga irá te curar.

Hoje eu sei que esse sonho foi um desdobramento, realmente nos encontramos no plano espiritual.

Ao acordar eu soube que nos encontramos e não duvidei de nada, eu tinha certeza de que tanto ele quanto a minha mãe de onde estão tem muito mais conhecimento do que nós que estamos aqui tão confusos com tudo o vivemos, com esse turbilhão de informações e crenças que nos limitam o tempo todo de tudo. Então ao acordar eu sabia que essa mensagem veio para me ajudar na cura da minha ansiedade.

Decidi que iria seguir as orientações dele, afinal foi uma luz que a minha mãe me enviou para poder me ajudar a sair do estado de emergência em que eu me encontrava.

Em algum momento eu começaria a "fazer yoga", pois como negar uma orientação médica vinda dos céus?

CAPÍTULO DOIS

A CURA

Nas semanas seguintes pesquisei um pouco sobre aulas de Yoga, até tinha na mesma academia que eu fazia musculação, mas não era um estilo que ia de encontro com o que eu gosto. Eu já havia praticado por 1 ano, alguns anos atrás, na época já por indicação médica, a minha psiquiatra me indicou como uma forte ajuda no combate a ansiedade, mas acabei desistindo.

Depois de muitas pesquisas, entrei em uma academia no mesmo bairro em que eu morava, encontrei aulas de yoga lá e, mesmo sendo em shopping center — motivo pelo qual fiquei muito resistente no início, antes de me matricular —, algo me dizia que era para eu começar por ali, que era para eu tentar. Eu não sabia que era a minha intuição me dizendo que algo especial me aguardaria frequentando aquele lugar, porque racionalmente, eu não queria. Na época, mantinha certa aversão aos grandes centros comerciais, tamanho eram os traumas vividos na minha carreira no varejo.

Me matriculei, comecei a frequentar as aulas, o professor um querido, a intenção da aula dele era uma das melhores, mas fugia totalmente da conexão que eu buscava.

Era uma proposta nova, que trabalhava muito o corpo, talvez por ser numa pegada mais haver com o estilo da academia, ou até mesmo propósito dele de trabalho. Eu não me conectava, na verdade eu me desconectava, eu ficava tão preocupada em fazer certas posturas no tempo certo, em dar conta de acompanhar o ritmo da aula, que tudo o que eu não fazia ali era conectar meu corpo físico com o meu corpo sutil. E eu sentia que essa era uma necessidade, talvez intuitiva.

Enquanto eu insistia em me adaptar ao Yoga da academia aproveitava para tentar do meu jeito fazer o treino de musculação que criaram para mim.

ME MATRICULEI PARA CONHECER UM SER DE LUZ

Certo dia, percebi que não era mais um professor que estava me acompanhando no treino e que havia ali uma professora que era nova para mim: Camila, mineira, há 4 meses em Florianópolis. Pedi ajuda para fazer o exercício e, semanas depois, entendi o que eu fui fazer naquela academia. *Encontrar a Camila nesta vida.*

Eu ainda não sei bem o porquê, mas sei que algo ainda mais especial está por vir no nosso encontro nesta encarnação. Não tem outra explicação! Nossa sinergia, sintonia, empatia, nosso amor uma pela outra é algo que transcende a matéria.

Em duas semanas, me desliguei da academia e, na mesma época, ela também foi em busca de algo melhor para ela. Desde então, nos falamos por mensagem, por telefone... Temos uma ligação muito forte.

Nós não nos encontramos pessoalmente desde então, mas eu só tenho a certeza de que a missão dela nessa vida é muito linda, um propósito de muito amor e luz. Sinto que, assim como eu, ela sente forte em seu peito. Já chegamos a compartilhar esse assunto, que ela sente que tem algo maior para cumprir nessa vida que ainda não é o que ela está fazendo.

Ela está na sua busca, segue se descobrindo e eu tenho certeza de que é mais um grãozinho de areia que irá ajudar a mover montanhas nessa busca por espalhar a verdade sobre a Espiritualidade, falando do amor e da luz de Deus para o mundo, por onde for.

A luz e o amor que brotam de si são incomuns. Sinto que ela veio para contribuir para o bem e o desenvolvimento da humanidade. Ela quer e vai contribuir muito mais com o universo do que cabe em si, do que cabe dentro de uma caixinha de trabalho pronta que encontramos por aí. Que história linda está por vir, que benção poder vivenciar para assistir como esse anjo de luz vai brilhar aqui na Terra.

O "REMÉDIO"

Me desligando dessa academia, busquei outros lugares para eu praticar Yoga, afinal, tinha certeza de que o Doutor José Carlos estava certo e eu não tinha como ignorar essa mensagem tão especial enviada por ele a pedido da minha mãe.

Eu encontrava os lugares, mas sempre tinha alguma coisa que me impedia de ingressar. Eu sentia por algum motivo que não era aqui ou acolá. Uma hora era o valor exorbitante, outra a distância. Só sei que não sentia que era o lugar ainda.

Os meses foram se passando e eu comecei a viver intensamente as minhas experiências espirituais, comecei a estudar, comecei a me curar das minhas dores, busquei ajuda de pessoas que entendiam a movimentação de tudo o que eu estava vivendo — o acesso a um novo mundo, ao mundo espiritual.

UM CANAL DE LIGAÇÃO

Segui vivendo turbilhões de experiências espirituais, os fenômenos não paravam de surgir através de meditações intensas, através de orações e enquanto eu frequentava o Centro Espírita Ana Luz.

Certo dia, tive acesso a um link de meditação de um canal no Youtube que se chama Corvo Seco. No mesmo dia, assisti. Foi ali que a Yoga entrou na minha vida com um fim curativo.

Ao contrário do que a minha mente havia interpretado, ela não veio em formato de atividade física, de posições que vemos em capa de revistas, mas sim por meio da filosofia Iogue.

O meu interesse pelo modo como grandes mestres viviam e compartilhavam seus ensinamentos com os seus seguidores da época, aumentou gradativamente. Estudar diariamente por mais de uma hora esses conteúdos, foi fazendo com que, mesmo que eu não percebesse, meu condicionamento mental fosse se transformando e meu nível de ansiedade diminuindo dia a dia.

Os ensinamentos começaram pouco a pouco a me ajudar a compreender como funciona a mente humana, nossos pensamentos, nossa relação com o nosso corpo físico, a ilusão do ego, percebi que não estar atenta ao agora, não estar consciente ao momento presente é um caminho que me levava ao buraco negro da ansiedade, me levava para aquele "liquidificador" terrível que era a minha cabeça e do qual eu não conseguia sair, só me perturbava cada dia mais.

O Corvo Seco se tornou o meu canal de "aulas" diárias. Nesse canal os aprendizados são narrados por uma voz masculina doce e serena que facilita a nossa conexão com a intenção do conteúdo.

Os ensinamentos de grandes sábios vêm acompanhado de uma trilha sonora perfeita que nos sugere ainda mais entrega para ouvir e assimilar os ensinamentos de seres iluminados que viveram antes de Cristo, nos primeiros séculos e até mesmo neste século passado e atual.

Comecei a rever a forma que eu vivia, o modo com que eu deixava os meus pensamentos dominarem a minha mente e toda a minha existência.

Percebi que o modo como eu me posicionava diante dos meus dias, das minhas demandas, das minhas responsabilidades, dos meus medos, das minhas preocupações, era a fonte causadora de toda a minha doença.

A Yoga passou a fazer parte da minha vida, mergulhei num estudo profundo e diário vindo de sábios iluminados que chegaram até mim através da tecnologia. Junto com esse conhecimento eu fui compreendendo que a meditação é uma fonte de cura para tanto sofrimento mental, que é através dessa prática que conseguiremos todas as respostas que buscamos fora.

Eu não comecei a meditar do dia para a noite, foi uma construção de consciência que eu adquiri a partir dos vídeos que eu ouvia no Corvo Seco. Comecei colocando o fone para ouvir os vídeos, eu não ficava olhando para as imagens que apareciam na tela, que por sinal são fantásticas, que nos levam também para a compreensão do conteúdo, mas com o fone eu fechava os olhos e conseguia assimilar bem melhor os estudos trazidos.

Algo que eu havia aprendido em uma disciplina da minha pós-graduação, que também contribuiu — e muito! — para que as minhas práticas de meditação se intensificassem, foi sentar-me em postura ereta. Dessa forma, as chances de relaxarmos e desviarmos a nossa atenção para outro lugar é muito menor.

Quanto a silenciar... Muita calma. A atenção será desviada milhões de vezes até que consigamos começar a silenciar e ouvir os pensamentos enquanto expectadores. O importante é não desistir e seguir firme no propósito; se autoconhecer, caminhar rumo a um encontro com um "eu" ainda não conhecido por nós, encarar memórias de outras vidas, compreender as intuições e, principalmente, escutar a voz de Deus que já está dentro de nós, mas que não estamos conscientes ou dispostos a ouvir.

Essa voz será acessada e esse Deus será encontrado.

Isso vai acontecer quando você parar de fugir de si mesmo, quando se permitir olhar para as suas dores para que enfim elas possam ser curadas.

ESCOLHAS

Você deve escolher — *porque é uma escolha nossa* — não mais se anestesiar com álcool, drogas, *selfies*, exposição demasiada do corpo.

Os exageros, em sua maioria, são maneiras que buscamos suprir algo que não temos em nossas vidas. Pensar só em trabalho, compulsão alimentar, sexual, pornográfica, egóica... Tudo isso nos impede de acessarmos a nossa verdadeira essência, nos impede de nos ouvirmos, de nos percebemos, de sabermos quem verdadeiramente somos sem todas essas camadas que criamos para poder lidar com o meio, para darmos conta de viver.

Está tudo bem sermos assim, termos vivido o que vivemos, passar por essas fases, mas até quando você vai viver na superficialidade procrastinando o dia de se libertar das suas amarras emocionais, mentais, espirituais? Essa passagem por aqui merece ser vivida da melhor forma, de forma íntegra e plena, fluída e dentro da unidade absoluta que somos, pois somos todos uno, todos frutos do mesmo Ser, da mesma Unidade, da mesma Verdade, da mesma Divindade.

O caminho é escolher uma busca interior e não desistir ao encontrar o sofrimento, ele é parte essencial da libertação e quando a libertação chega a verdade surge.

Essa verdade que falo ela é como se fosse um Espírito de verdade que vem nos mostrar o verdadeiro sentido disso tudo aqui, que apresenta o real motivo das dores, das dificuldades que encontramos nessa vida, que nos apresenta o que é o amor, o verdadeiro amor e onde ele está.

Esse espírito da verdade vem limpar as nossas lentes para que possamos enxergar com real compreensão o sentido da vida.

A cada meditação, vídeo a vídeo, fui mudando o meu olhar sobre a forma que eu poderia me posicionar diante das situações, fui mudando os meus paradigmas.

Fui entendendo que nos desenvolvemos a partir do modo como somos criados, o quanto a nossa cultura ocidental nos distancia do ser espiritual que somos, o quanto somos direcionados a acreditar que somos apenas um "peso numa balança", e que essa máquina que é o nosso corpo, parando de funcionar, finda tudo.

Viver acreditando nisso é muito sofrimento. Esse é um dos motivos que leva a humanidade ao desespero atual, a essa necessidade de urgência totalmente desnecessária. Acreditando que a vida vai acabar e que não existe nada além disso, aqui surge uma pressa por se realizar tudo o que a mente e o ego necessitam.

Essa urgência de ser feliz e o apego pelos bens e desejos materiais nos separa da plenitude de viver o agora, que é tudo o que temos no momento presente.

Os aprendizados com a filosofia Yoga foram fazendo sentido para mim. Eu fui me identificando com aquele ser que a ansiedade me levou a ser e fui percebendo para onde eu desejava retornar. Escolhi retornar.

Nossa natureza real é plena, não nascemos para viver da forma que estamos vivendo. Somos frutos de Divino, de Deus e Deus criou as criaturas na sua mais inteira perfeição, e nós seres humanos não fugimos disso. Assim como a água corre naturalmente pelo córrego, como a águia naturalmente plaina, como a semente naturalmente se transforma numa árvore, como a árvore naturalmente dá frutos, como o tempo se transforma da tempestade a calmaria, assim deve ser a fluidez das nossas vidas enquanto seres humanos.

Mas como? Diante de tantas informações, de tanto barulho, de tantos caminhos para serem escolhidos?

O CAMINHO

Eu venho há algum tempo em busca do meu autoconhecimento e essa busca interior me levou a lugares inimaginados. Quanto mais eu descobria coisas sobre mim, como medos, crenças limitantes, inseguranças, traumas, limitações que foram surgindo a partir das relações que vim tendo ao longo da vida, bloqueios criados através da pressão mental exercida do outro sobre mim seja através de trabalhos e relacionamentos tóxicos; quanto mais dor eu achava para olhar, mais eu sofria e mais eu me entregava pois uma voz me dizia que não adiantaria eu desistir e voltar a viver achando que estava tudo normal, eu precisaria me libertar e me curar para eu renascer.

Nessa busca por me autoconhecer, sentei-me diversas vezes no fundo do poço, que é o lugar onde menos queremos estar, não é mesmo? Quando percebemos estar perto dele, fugimos em disparada.

Por que fugimos? Porque lá é um lugar muito escuro, sem janelas, frio, solitário e vazio. Ninguém quer ficar num lugar desses por muito tempo. Eu aceitei ficar porque me veio a certeza de que ali, onde eu estava, não tinha mais para onde cair. Não tinha lugar pior. Não tinha como ficar mais doloroso.

Dali, daquele buraco, eu só tinha um lugar para onde olhar: em direção ao céu, para cima. Eu não estava enganada sobre o que eu sentia. Era para eu ficar ali até me libertar de todas as minhas dores. Quando todas fossem curadas, algo grandioso iria acontecer — e aconteceu. Quando toda a dor existente em mim se transformou em amor, eu encontrei Deus. Sim, eu encontrei Deus e ele veio até mim como prometido por Jesus. Ele disse: *"Ninguém pode ver o reino de Deus, se não nascer de novo"*. A Pilatos, revelou: *"Eu sou rei, mas o Meu Reino não é deste mundo"*.

Eu encontrei Deus verdadeiramente, eu me encontrei com Jesus, e passei a sentir eles vivos o tempo inteiro dentro do meu coração, do meu ser, me iluminando e me guiando a todo instante.

Eu sei que tudo isso pode parecer loucura, mas não é. Quando eu consegui me desapegar da matéria e do ego, eu fui de encontro com eles no Reino dos céus. Esse Reino é um lugar envolvido pela fluidez do amor, onde não existe mentira, onde uma verdade absoluta reina.

Um Reino onde todos somos um, onde não existe egoísmo, onde não existe medo, onde as decisões são tomadas a partir da voz do coração.

Nesse Reino, é dada total atenção à intuição. Nesse Reino, o Sentir é essencial, as decisões não são tomadas a partir das informações vindas do que a mente já conhece, a razão não domina, o Sentir profundo dentro de cada ser é o que define as escolhas.

Deus fala o tempo todo dentro de nós, ele está nos guiando a todo instante e saber ouvir a voz do seu coração é ouvir a voz de Deus dentro de você. Seguir a nossa intuição é ouvir o que a Espiritualidade nos diz, é ouvir o que o nosso anjo da guarda que nos acompanha desde que nascemos, é ouvir o que nossos mentores espirituais, entes queridos, nossa ancestralidade sopram em nossos ouvidos o tempo todo.

No mesmo dia em que eu recebi as mensagens do meu Mentor Espiritual, que veio me orientar como eu deveria agir, quais atitudes eu deveria tomar diante da minha vida para que eu pudesse realizar aquilo que o meu coração e a minha alma tanto gritavam, que era viver do amor, levar o amor fazendo o bem de alguma forma para as pessoas, nesse mesmo dia minha amiga Clara, já não mais incorporada me falou que precisava conversar comigo sobre a minha mãe.

Ali eu jamais imaginaria onde essa história poderia chegar, a proporção que tudo iria tomar ao longo dos dias e a transformação que estava por vir na minha vida.

A Clara disse que havia visto a minha mãe várias vezes naquela semana, que a imagem dela vinha à sua mente e me trouxe a informação de que ela não estava bem. Detalhe, elas não chegaram a se conhecer.

O que eu senti? Imagine você ter um amor imenso pela sua mãe, tê-la como exemplo de vida, de força, de resiliência, como a maior referência que eu tive de amor, que me ensinou que o amor vem a frente de tudo e de todos, ter falecido (desencarnado) há quase 9 anos e saber que ela estava sofrendo. Na verdade, que continuava sofrendo, por que aqui na Terra ela passava bons bocados tendo sido filha, mãe, esposa e uma mulher esquizofrênica desde os seus 17 anos de idade.

Nessa fase da minha vida, quando todas essas informações estavam vindo à tona, vivia um momento de muita tristeza e dor intensa. Minutos antes, havia recebido mensagens da espiritualidade me guiando, dizendo que tudo o que o meu coração gritava nos últimos meses era exatamente o que eu vim fazer nessa vida e que eu não poderia me preocupar com nada, com dinheiro, com nada. Eu ganhei consciência de que para viver fazendo o que eu sinto, que é um único caminho, seguir levando o amor para as pessoas de diversas formas, eu precisaria seguir o que meu mentor havia me trazido e caminhar firme na direção da minha missão espiritual, de vida. Eu precisaria enfrentar todos os medos, dificuldades, pois eu precisava acreditar que eu iria sim ajudar a levar o amor e a luz de Deus para o mundo. Tudo isso me deixou muito mexida emocionalmente e, logo em seguida, veio essa notícia: dizendo que a minha mãe não estava bem.

Eu falo essa *notícia* porque naquele momento, não duvidava do que vinha através das palavras da Clara, eu tinha total certeza de que o que ela estava falando era real.

Hoje, quase 7 meses depois, eu consigo perceber por qual razão eu acreditava piamente em tudo o que ela estava me trazendo. Eu já tinha essa sensibilidade espiritual, mas desconhecia.

Eu sentia uma energia de amor vindo da espiritualidade de luz com a intenção de contribuir para que tudo o que estava prestes a acontecer, acontecesse. Eles queriam ajudar a mim e a minha mãe para que ficássemos bem, que pudéssemos seguir em paz, com isso iríamos passar juntas por algo muito especial e que nem em sonho eu acreditava ser possível vivenciar.

O fato de eu não ter naquele momento nenhuma clareza de que tudo anda junto; espírito e matéria, a mente e o períspirito, a emoção (os sentimentos) e o corpo, fez com que meu estado emocional se alterasse, se desiquilibrado durante e após esse turbilhão de informações.

Acredito ainda que nascerá uma outra escrita em que falaremos sobre os nossos corpos e o quanto a nossa ignorância quanto as suas existências causam impacto na fluidez da vida, na forma como poderíamos receber tudo o que o universo tem para nos oferecer por aqui.

As coisas não são apenas como aprendemos até então, o equilíbrio mental separado do emocional, o físico separado do períspirito, o equilíbrio espiritual separado de todos, independente da ordem. Essa visão macro e em conjunto dos nossos corpos é que nos dá o equilíbrio maior, é o que nos leva a harmonia e a plenitude.

CAPÍTULO TRÊS

POR QUE ELA NÃO ESTÁ BEM?

A mediunidade da Clara me trouxe a informação de que a minha mãe estava sofrendo no mundo espiritual.

Detalhe, a Clara não desenvolveu sua mediunidade, ela foge ainda mesmo tendo consciência de que é um dom que recebeu do divino e que antes de vir para cá aceitou também contribuir levando o amor e a luz por aqui. Mas eu tenho fé de que o seu despertar irá chegar, o mundo precisa.

Quanto as informações ao estado da minha mãe, ouvi e compartilho as suas palavras:

— Amiga, essa semana eu pensei muito na sua mãe, vinha a imagem dela para mim várias vezes. Ela não está bem, amiga. Desde que ela faleceu ela tem te visto sofrer e, ultimamente mesmo, você vem sofrendo muito. Isso se intensificou depois que você começou a olhar para a sua história de vida, para tudo o que achava não impactar na sua essência, tudo o que te fez sofrer, tudo o que você engoliu, tudo o que as circunstâncias te levaram a se transformar.

Amiga, depois que você começou a dizer com muita frequência que foi o fato de ter sido filha de uma mãe esquizofrênica que fez com que você não tivesse olhado para si, foi onde ela começou a sofrer muito, se sentindo culpada por toda essa angústia e tristeza que você vive hoje. Ela não está conseguindo seguir no caminho dela de evolução no plano espiritual, por te ver cada dia pior, estagnou.

Uma grande culpa vem tomando conta dela por achar que pode não ter sido uma boa mãe. Você não percebe, mas desde você decidiu mergulhar profundamente em busca do seu autoconhecimento, não entendeu bem as coisas e acha que essa doença foi a grande responsável pelas suas dores quando, na verdade, não foi. Você precisa entender o que ainda não entendeu sobre tudo o que viveu e, principalmente, sobre o papel dessa doença na história de vocês.

Amiga, você precisa olhar para isso urgentemente, para poder se libertar de toda a dor que ainda existe dentro de você, se curar de verdade para que, depois sim, possa ajudar as pessoas como você tanto deseja.

Minha amiga, você precisa se curar para se libertar e libertar a sua mãe para que ela possa seguir no caminho de evolução dela.

Pausa na escrita para reequilibrar as energias por aqui e seguir escrevendo de maneira tranquila e plena, não deixando que as emoções alterem a condução do que eu tenho para trazer para o "papel".

No momento dessas mensagens relacionadas a minha mãe, Clara não estava mais incorporada. A incorporação foi apenas durante a presença do meu Mentor me trazendo tudo sobre o livro que eu iria escrever e como eu deveria agir para que eu conseguisse alcançar a vida que eu tanto pedia a Deus, uma vida que eu pudesse ter paz no meu coração, um trabalho que eu pudesse seguir com essa paz falando sobre o amor. O que eu não sabia nesse ponto da história era que eu desejava mesmo e que eu seguiria falando sobre o amor e a luz de Deus, falando sobre o verdadeiro Reino de Deus: a espiritualidade.

Clara e eu não voltamos a conversar sobre isso. Apenas sabemos que ela foi o canal de comunicação que a espiritualidade utilizou para que eu e a minha mãe pudéssemos nos ajudar para que seguíssemos felizes e libertas, para que eu tivesse clareza do que precisava focar e agir para realizar essa a minha missão por aqui enquanto escritora e estudante da espiritualidade.

O único dia que eu tentei falar com ela foi sobre o momento da incorporação, eu queria que ela repetisse as frases que o meu

Mentor havia me dito, frases que me orientavam sobre como eu deveria agir para conseguir viver do amor, levando o amor.

Eu havia anotado, pois queria escrever em cartazes e espalhar por toda a minha casa, para ler e ter como um mantra, mas eu queria ter certeza de que eu não havia me esquecido de nada. Ela me respondeu:

— Amiga, eu não me lembro direito das coisas, não sei nem te dizer, eu estava toda dormente tomada pela presença dele. Eu era apenas um canal, eu não sei te dizer.

"NÃO ESTÁ CURADO! VOCÊ PRECISA OLHAR PARA ISSO."

Quando ela me falou que eu precisava olhar para o que ainda não estava curado dentro de mim com relação com o que eu vivi sendo filha de uma mãe que sofria com a esquizofrenia, eu relutei dizendo que eu já vinha tratando disso na terapia há algum tempo e que eu já tinha entendido que estava vivendo toda aquela dor devido a esses fatos.

Então ela me trouxe algo muito real, que eu tinha olhado, que eu havia entendido, mas que a ferida estava totalmente aberta, que não havia sido tratada e tão menos curada. A ferida estava ali e enquanto eu não me dedicasse a curar de vez, eu continuaria sofrendo. Eu iria sentir dor de vez enquanto e mexeria no machucado, passaria um remedinho, mas não iria cicatrizar de vez para eu seguir sem lembrar mais daquela dor que um dia havia sido intensa.

Nesse pé da história eu vinha conversando com a minha mãe, vira e mexe em oração eu estava ligada a ela relatando o que eu vinha passando, o que eu vinha sentindo, o que eu queria para a minha vida.

Eu vinha pedindo muito por ajuda a ela, para que eu encontrasse o meu caminho, que ela de onde estivesse pudesse me enviar luz para eu me encontrar e ficar bem, pois eu não estava aguentando mais viver naquela ansiedade que eu vivia, eu queria me encontrar profissionalmente, eu queria ter paz no coração e ela era quem eu sentia que poderia pedir ajuda e pedia.

Mas por mais que eu sentisse que estávamos conectadas, que ela me ouvia, eu não fazia ideia de que a força do pensamento liga um espírito a outro, REALMENTE. Eu não tinha noção dessa força que temos daqui, de acessar verdadeiramente nossos entes queridos que partiram para o plano espiritual. Mas o quanto essa conversa chegava imediatamente a ela, eu não tinha noção.

Racionalmente o que eu fazia ali era uma oração, mas depois vivendo os capítulos seguintes com ela, que você em breve vai ter conhecimento, eu entendi que eu tinha uma conexão direta através do pensamento e que tudo, EXATAMENTE tudo chegava até ela; minhas dores, minhas reclamações, meus sofrimentos, meus pedidos, meus agradecimentos, minhas tristezas. Tudo o que nos conectamos intensamente em pensamento com qualquer ser do mundo espiritual, chega até eles quase que imediatamente.

Quando eu conversava com ela em oração, trazia que eu estava daquele jeito por não ter conseguido olhar para as minhas dores por ter vivido sempre preocupada com ela para que não adoecesse.

Clara insistia que eu precisava resolver essa questão da minha mãe, que eu precisava me curar.

E é claro que a minha mãe estava se sentindo culpada, pois quantas vezes eu vinha repetindo nos últimos meses que toda a minha angústia e sofrimento se deviam ao fato de eu ter sido filha de uma mãe esquizofrênica.

Relutei mais um tempo dizendo que já tinha visto isso na terapia, até perceber que ela tinha razão e que eu precisaria engolir o meu orgulho e ceder ao que o meu ego tentava me convencer, de que "já estava tudo bem." Só que não estava não e fui incentivada a mudar esse meu posicionamento diante daquela situação.

Clara insistia para a minha aceitação:

— Sim, amiga, mas a dor ainda está aí. Se você já tivesse se curado, não estaria mais falando nisso a todo momento e sofrendo sempre trazendo esse assunto. — Ela tinha razão. — Eu vou te pedir uma coisa e preciso que você prometa para mim que vai fazer.

Olhando firme nos meus olhos, segurando as minhas duas mãos, bem próxima de mim, ela continuou:

— Você vai conversar com a sua mãe.

Em um momento em que você se sinta bem, que esteja tranquila e à vontade, quando for a sua hora, no seu tempo, você vai conversar com ela.

Escolha um lugar na sua casa em um momento que você esteja sozinha, quietinha, que esteja disposta e preparada para essa conexão. Você vai acender uma vela branca e, diante dessa vela, vai começar a entrar em sintonia para que vocês possam ter essa conversa que vocês nunca tiveram."

Quando ela falou *uma vela branca*, meu coração acelerou. Fui tomada por uma forte energia que fez com que eu me arrepiasse toda. Senti naquela fala que algo muito intenso estava acontecendo, uma vibração de muito amor, algo nunca vivido tomou conta do meu ser. Meu corpo começou a ficar dormente.

Eu me lembrei o quanto minha mãe era devota de Nossa Senhora Aparecida e de várias outras santinhas, e que ela acendia uma velinha para tudo o que desejasse alcançar. Quando fazia promessas para alguma cura, para alcançar alguma graça... Me veio a sensação de ser um pedido dela que esse encontro acontecesse.

Uma emoção, uma vibração ainda não experienciada, tomou conta de tudo o que envolvia o meu ser e o ambiente em que eu me encontrava naquele momento. Era uma prévia do que viria pela frente, mas eu não sabia.

Clara continuou sua orientação e eu seguia atenta, pois tinha a certeza de que tudo aquilo era muito real. Sentia no meu coração e, mesmo sem nunca ter experimentado nada parecido; de mensagens espirituais ou assuntos afins, sabia que era genuíno e que vinha de um lugar de muita luz.

Até então, eu havia vivido apenas duas experiências espirituais, muitos anos atrás, mas que já eram um alerta sobre uma sensibilidade.

Em outro momento, falaremos sobre como foram essas experiências, pois eu considero essencial trazer nesta obra — ou em outras que virão — o tema. Afinal, quantas pessoas passam por algo semelhante ao que eu passei e não têm compreensão sobre o quanto é importante dar atenção aos sinais que a espiritualidade vai nos dando. Quanto antes aceitarmos esse dom divino que é ter acesso ao mundo espiritual, ou seja, ser um médium, mais cedo poderemos contribuir, enquanto seres humanos, para a evolução da humanidade. Sim, a aceitação de que temos acesso ao Reino dos céus, à espiritualidade, nos aproxima cada vez mais do amor intenso e verdadeiro de Deus que pode e deve habitar em nossos corações aqui em vida.

Quando tivermos essa consciência, não buscaremos a verdade, a paz e o amor fora, ele existirá dentro de nossos corações, ele existirá em nossos corações 100% dos nossos dias.

Eu ouvi tanto:

— Você tem mediunidade, precisa olhar para isso.

— Você é muito espiritualizada, olhe para isso.

Entrava por um ouvido e saía pelo outro.

Não quero que isso aconteça com você, iremos falar sobre isso novamente, mas agora voltaremos às orientações para essa "conversa" que precisava acontecer entre mim e a minha mãe.

Clara seguia:

— Vocês precisam ter essa conversa, uma conversa que vocês nunca tiveram. Converse com ela sobre as suas dores, sobre o que você sentia quando criança, sobre os seus sentimentos neste momento, sobre tudo o que nunca tiveram a oportunidade de conversar. Ela também nunca teve a oportunidade de falar como foi ter sido mãe, como foi ter cuidado de uma criança com tantas limitações. Vocês precisam dessa conversa, amiga. Não deixe de fazer isso amiga, por favor!

Ela olhava firme nos meus olhos, segurava com força as minhas mãos, pois só ela sentia e tinha a certeza do que essa conversa iria significar nas nossas vidas — na minha e na da minha amada mãe.

— Amiga, acenda essa vela, se concentre no que irá fazer e procure se conectar verdadeiramente com ela. Você vai receber o colo que você nunca recebeu.

Revisando este livro, dias antes de enviar para a diagramação, após eu ter decidido publicar de forma independente, é impossível não desabar em lágrimas revivendo essa fala que ela me trouxe:

— Você vai receber o colo que você nunca recebeu.

Isso aconteceu no dia seguinte e não foi no sentido "figurado"; minha mãe viria ao meu encontro me pegar no colo verdadeiramente.

Era grande a preocupação da Clara, ela devia receber mensagens que pediam para que reforçasse que eu fizesse o que havia sido me orientado:

Insistia:

— Não deixe de fazer isso. Entendeu? Não deixe. Faça isso que eu estou te pedindo, acenda essa velinha e converse com ela.

Não era uma coisa da cabeça dela, ali eu tinha certeza de que era uma mensagem da espiritualidade e como eu deixaria de fazer? Já estava certo, eu iria a esse "encontro".

Fiquei mais um pouco na sua casa para me acalmar para poder dirigir. Eu estava muito alterada emocionalmente, não tinha condições de subir o morro da lagoa daquele jeito. Logo em seguida o marido dela chegou, mudamos a energia do lugar, começamos a tentar conversar sobre outros assuntos e fui voltando para o meu corpo físico, pois eu me sentia ainda meio adormecida, como se estivesse em transe, como se estivesse "com um pé" em outra dimensão. Segui viagem decidida a passar num supermercado no caminho de casa para comprar as velas, isso era como eu já estivesse me movimentando para que nada me impedisse de fazer o que era para ser feito, no caso, esse encontro entre mãe e filha.

CAPÍTULO QUATRO

ELA NÃO MORREU?

Começava ali o desafio para eu acreditar que existe vida após a morte.

Voltando para a casa, só conseguia chorar enquanto dirigia.

Eu pensava que ela estava livre de qualquer incômodo, eu não tinha noção de que ela via o meu sofrimento aqui na Terra, nem tão menos que isso a impedia de seguir no seu caminho evolutivo enquanto espírito.

Na minha ideia, só tinha a certeza de que ela estava bem por não ter que tomar mais aquele punhado de remédios *tarja preta* que tomava por aqui, que agora, no céu, ela não sofria mais com suas mãos trêmulas que tanto a incomodava, que estaria feliz por não ter mais que ficar internada nos hospitais psiquiátricos que era tão difícil pra todos nós.

Jamais passou pela minha cabeça que como eu estava por aqui, interferia na sua vida no plano espiritual. Para mim, ela não tinha mais sofrimento algum onde estava depois de "morrer", que agora ela não iria mais se incomodar e viveria em paz, seguiria em paz.

Quanto a minha crença de "vida após a morte", pois eu pregava acreditar existir vida depois que alguém morre. Mas uma coisa é falar que acredita, outra é viver na pele a experiência de que a sua mãe que morreu há 9 anos, na verdade vive e o pior, ela não está bem.

Por mais que eu acreditasse em tudo o grande homem e médium Chico Xavier viveu e é contado em seus livros e filmes, em tudo o que eu ouvi em palestras no centro espírita em que fui em busca de tratamento quando não estava bem, por mais que existisse lá no fundo dentro de mim uma crença de que existia vida após a morte, é muito diferente velar a própria mãe dentro da sala da casa em que fui criada, vê-la sendo colocada numa gaveta junto com os restos mortais da minha avó, ser coberta por cimentos, era difícil nesse momento todo em que soube do seu sofrimento no mundo espiritual, ressignificar que ela não havia "morrido", por mais que essa notícia fosse tudo o que eu sempre quis ouvir, que ela continuava viva.

Quando eu recebi a notícia de que ela estava sofrendo, não tive como apagar de imediato tudo o que eu aprendi ao longo da minha vida sobre a morte, sobre a vida, sobre os espíritos.

Não tive como deletar em minutos todas as crenças que me impediam de compreender que a minha mãe estava viva em algum lugar sofrendo, depois de eu me despedir dela no dia em que faleceu.

Eu fui criada na Igreja Católica e nunca tive muito acesso a outras religiões até a vida adulta, quando fui morar em Florianópolis.

Eu não sei de onde veio esse conceito, esse sentimento, na verdade. Afinal, minha mãe, a minha família como um todo, nunca foram preconceituosos com nada, mas quando eu ouvia falar em umbanda, espiritismo, candomblé, mãe de santo, pai de santo, as religiões que lidavam com espíritos, me vinha uma sensação de que não era coisa do bem, me remetia a sentir medo.

Eu aprendi na Igreja Católica que tudo isso é besteira, que não existe vida após a morte e, de repente, fico sabendo que a minha própria mãe que morreu, mas não morreu, não está bem. Socorro!

Vindo morar em Floripa foi que comecei a me interessar pela espiritualidade, na verdade na época, pela doutrina espírita. Um dia fui convidada a assistir uma palestra num centro espírita, me senti super bem acolhida, ganhei um evangelho de presente e daí em diante passei a frequentar esporadicamente. Sempre me fez muito bem, me trouxe tranquilidade e conforto diante de inúmeras situações da minha vida. Eu nem sabia direito o porquê, mas saber que eu estava ali rezando numa casa espírita e me conectando com Deus me fazia bem.

Estou aqui escrevendo em conjunto, sentindo a presença do meu mentor, do meu anjo da guarda, dos amigos espirituais que simpatizam comigo e me ajudam na minha caminhada, eu sinto que não estou sozinha, sinto como se eles soprassem palavras para me inspirar a trazer essa escrita.

Vou focar para voltar minhas energias para a história e seguir de onde eu parei.

Voltando para a casa, subindo aquele morro eu me senti como se estivesse numa nuvem, aérea, sentindo vários arrepios pelo corpo todo, pensando no que aconteceu, tentando racionalizar tudo o que eu estava vivendo para ter uma compreensão clara na minha mente do que estava se passando.

Junto se misturavam diversos pensamentos; vozes que me questionavam se eu deveria acreditar. Me deu um certo medo de tudo aquilo que eu ouvi na sala da casa da Clara, que eu ouvi através daquela incorporação inesperada.

Em meio a tantas dúvidas e receios por receber pela primeira vez esse tanto de informações do mundo espiritual eu senti que era importante eu lembrar do que o meu mentor havia me orientado, comecei então a repetir para mim mesma:

"Acredita, Shirley! Confia!

Não tenha medo! Dê atenção a sua espiritualidade, Shirley!

Ouça a voz do seu coração.

Sinta! Aprenda a sentir!

Comecei a repetir tudo o que o meu mentor havia me orientado, pois não seria em vão todas essas orientações.

CAPÍTULO CINCO

A CONVERSA QUE NUNCA TIVEMOS

Com a orientação recebida através da espiritualidade, eu estava certa de que iria me encontrar com a minha mãe, eu iria ter a "conversa" que nunca tivemos

Cheguei em casa muito mexida após todo aquele bombardeio de informações e emoções vividos na casa da Clara que nem consegui falar nada a respeito com a Roberta. Eu precisava sentir, assimilar tudo aquilo, era um mundaréu de novidades, todas muito intensas para esse coraçãozinho aqui, que na época estava tão abalado, tão triste e que já não sabia mais o que fazer para melhorar.

No dia seguinte eu estava sozinha em casa e senti que seria uma boa oportunidade para eu realizar tudo o que havia me comprometido com a Clara no dia anterior. Eu estava tranquila, equilibrada e meu coração dizia que era um bom momento, então segui o que ele me dizia que era para ser feito.

Peguei a velinha branca que ela pediu que eu acendesse quando esse encontro fosse acontecer. Fui até a cozinha, acendi na boca do fogão e coloquei em um pires, me dirigindo devagar pelo corredor que me levava até o meu quarto.

No meu lado da cama tinha um criado mudo, retifico, depois que eu tive conhecimento que esse nome foi dado fazendo referência a época da escravidão, eu me sinto muito mal por isso, então retifico e sei que é questão de hábito, tinha um bidê. Coloquei a velinha em cima dele e segui me organizando para iniciar o que eu havia planejado fazer, conversar com a minha mãe.

Me sentei sobre minhas pernas e meu calcanhar, como que de joelhos e fiquei naquele corredorzinho que se fez entre a cama e a parede, em frente a vela. Bem, pensei! Como fazer isso? Como conversar com alguém que já não está mais aqui? Minha mãe havia falecido iria completar 9 anos.

Eu não via jeito de começar essa conversa então o que me veio foi começar rezando. Comecei com orações prontas; Pai Nosso, Ave Maria, Pai Nosso, Ave Maria e mais uma vez Pai Nosso, Ave Maria, não sei quantas vezes eu repeti essas orações até começar uma conversa objetiva com a minha mãe, sendo bem franca:

— Mãe, isso aqui está sendo muito estranho para mim, vir conversar, falar com a senhora. Eu não sei direito como começar, mas vou explicar o que aconteceu. Ontem eu fui à casa da minha amiga Clara e ela me falou que você não estava bem, que estava sofrendo por me ver sofrer e que era para eu acender uma velinha branca e vir conversar com você para que a gente pudesse bater um papo. Ela falou a respeito de um diálogo que nunca conseguimos ter para falar sobre o que sentimos uma pela outra, como foi ter sido sua filha, tudo o que você me ensinou... Você também falar como foi ter sido minha mãe, me trazer coisas que eu não sei sobre a sua história... Me disse que eu iria receber o colo que eu ainda não havia recebido.

Uma pausa aqui.

Escrever tudo isso foi reviver algo muito intenso para mim.

Um dos motivos que me fez demorar tanto para começar a escrever este livro, estava no meu subconsciente e eu não fazia ideia. Temia revisitar tudo o que vivi, todos os momentos dolorosos da minha caminhada... Ter que olhar, de frente, para eles mais uma vez.

O fato de eu já ter compreendido o porquê de todos os momentos mais difíceis e dolorosos da minha vida, por mais que eu já tenha os curado, envolve muita emoção olhar para eles mais uma vez, volto a cena e acabo revivendo novamente. O que é maravilhoso é que tive a clareza de que é uma última oportunidade de ressignificar ainda mais tudo o que vivi.

ELEVANDO A VIBRAÇÃO

Após alguns Pais-nossos e Ave-Marias, senti que a minha energia se elevou, a minha vibração e a do quarto mudou totalmente. Comecei a explicar para ela o que eu estava fazendo ali e o quanto eu a valorizava, o quanto significou para mim ter nascido sua filha. Enquanto eu explicava o motivo daquele encontro, meu corpo mudava de posição.

Abaixei o meu corpo para frente. Com as mãos entrelaçadas, me curvei, como se minha cabeça, minhas mãos e meus joelhos se tocassem — e, todos juntos, tocavam o chão.

Comecei a conversar com ela assim como se conversa com Deus. Ele não está aqui, mas sabemos que ele está nos ouvindo.

Dessa maneira uma aproximação absurda acontecia. Falei para ela o quanto me entristeceu saber que ela estava sofrendo após tantos anos da sua morte, pois eu achava que enfim ela estava feliz e livre de todos os seus problemas, que não sentia mais preocupações nenhuma de onde estava agora e que já estava já vivendo em paz. Dei continuidade falando como foi ter sido sua filha:

"Minha mãezinha, você foi a melhor mãe do mundo. Não se sinta culpada por nada, você não tem culpa de nada por eu estar assim triste e angustiada.

Você me criou da melhor maneira do mundo, me deu amor, me ensinou o que é o amor com todas as suas limitações. Mesmo vivendo no universo da esquizofrenia conseguiu me criar e me foi essencial para eu me tornar a mulher que sou hoje; forte, guerreira e amorosa. Você sempre me apoiou para que eu fosse quem eu quisesse ser, mãe.

Mãe, não é culpa sua eu estar assim — e eu sei também que não foi por mal o que a vó me disse quando eu era apenas uma criança.

Não foi por mal, eu sei! Ela apenas olhou para a sua netinha, que tinha lá seus 4, 5 anos e, de maneira intuitiva, orientou que eu fizesse de tudo para não incomodar você; me pediu que eu me cuidasse para eu não me machucar na escola, me cuidasse para eu não ficar doente, para que eu não tirasse notas baixas pois, se você "se incomodasse", poderia ser amarrada numa camisa de forças e seria colocada numa ambulância para o hospital, onde ficaria internada e eu, por meses, me encontraria longe de você.

Eu, ainda criança, entendi e cuidei ao máximo de você, mãe! Eu só não sabia que isso ficaria guardado no meu subconsciente para o resto da vida. Até bem pouco tempo atrás, quando eu decidi entrar na terapia, busquei me autoconhecer e, com isso, veio o desejo de me libertar dessa responsabilidade que assumi ainda tão pequena.

Mãe, eu era uma criança, eu não entendia que precisava expressar meus sentimentos, eu não entendia também que era só de você que eu precisava cuidar desse jeito para não adoecer, e cresci não olhando para mim. Cresci olhando para o outro e protegendo o outro por toda a vida.

Enquanto eu ia falando dos meus sentimentos, enquanto discorria a conversa da minha parte, eu chorava muito, começara ali uma conexão muito intensa. Nesse ponto eu já tinha certeza de que ela me ouvia, não sei explicar, era uma verdade absoluta em meu coração. Ela estava ali perto de mim me ouvindo.

Numa das pausas da minha fala, as falas não eram em voz alta, sim em pensamento. Numa dessas pausas eu senti que aquele choro que soluçava dentro de mim, não era meu. Era sem dúvidas o choro mais intenso que eu já tinha sentido dentro do meu ser, mas ele não era mais só meu.

Enquanto eu sentia essa transformação, percebi as minhas mãos e meus pés dormentes, na verdade todo o meu corpo estava adormecendo e um certeza muito surreal emergiu, aquele choro não era mais só meu.

Como assim?

Eu senti que a voz e os ruídos do choro se misturavam com o meu, que o soluçar se misturava com o meu, que o que eu sentia no meu peito não era mais só meu, tinha mais alguém habitando aquele espaço material que era o meu corpo.

Isso se intensificou e a minha mente começou a me questionar:

— O que é isso meu Deus? O que está acontecendo comigo?

DOCES ORIENTAÇÕES

Enquanto a minha mente e o meu ego me questionavam sobre a dormência do meu corpo, quanto aquela mistura de choros dentro de mim, me veio a lembrança do que meu novo amigo espiritual havia me dito no dia anterior, que naquele momento eu ainda não sabia ser o meu Mentor já me norteando para o que viria a acontecer no dia seguinte, nesse momento.

Repeti para mim mesma o que ele me disse tão claramente naquela incorporação, enquanto segurava as minhas mãos:

— Shirley, não tenha medo! Acredite! Dê atenção a sua espiritualidade. Aprenda a sentir.

Fui repetindo isso na minha mente como um mantra, para que eu pudesse me entregar ao que estava por vir. *Se entregue, não tenha medo! Não tenha medo!*

O choro intenso continuava e eu me entregando fui sentindo e percebendo que aquele choro, aquele soluçar intenso, eles eram da minha mãe, ela estava dentro do meu corpo. Eu não tinha conhecimento a respeito disso, se era possível, se existiam acessos ao mundo espiritual, eu não sabia de nada, eu só vivia.

A presença do espírito dela foi se intensificando dentro de mim e o meu choro ia ficando em segundo plano. Naquele momento eu tinha certeza de que éramos nós duas ocupando o mesmo espaço. No dia eu não tinha grande entendimento, mas entendi que meu corpo era apenas uma ferramenta para o nosso encontro na matéria.

Só hoje, passados 8 meses, é que venho escrever sobre esse

dia. Revivi contando para poucas pessoas, para meu psicólogo transpessoal, para meu psiquiatra, no centro espírita onde fui buscar ajuda algum tempo depois.

Muita coisa aconteceu após esse dia, foi uma porta que se abriu e da maneira mais linda que poderia ter acontecido. A porta para o mundo espiritual que hoje é tão real na minha vida e que dia a dia conheço e aprendo a lidar.

Eu tinha ali a certeza de que era um encontro real, eu não estava devaneando, surtando ou qualquer coisa desse gênero.

O espírito da minha mãe estava dentro do meu corpo e nós estávamos por iniciar um encontro muito especial, eu estava prestes a vivenciar um verdadeiro milagre. Iria, nas horas seguintes, ter a oportunidade de me despedir da minha mãe, de falar das minhas dores e amores enquanto sua filha e vice-versa.

Quantos filhos vivem isso? Quantas mães desencarnadas passam por essa experiência? Eu estava por vivenciar uma verdadeira GRAÇA divina e foquei em me desligar da minha mente, de parar de querer entender o que estava se passando, de racionalizar, de buscar respostas, pois a experiência que eu iria viver em seguida é algo muito além do corpo e da mente e a minha entrega só contribuiria para que fosse uma experiência inteira e com a mensagem que ela tinha por entregar.

Conversando com ela eu buscava equilibrar as minhas emoções, que por mais alteradas que estivessem nesse momento, afinal eu estava vivendo algo que eu só havia visto em filmes espíritas, eu sabia que era essencial eu manter a calma para que a conversa pudesse acontecer.

Hoje revisando, este capítulo, em março de 2022, tenho certeza de que a espiritualidade me guiou com muito amor naquele dia, pois eu não tinha entendimento nenhum sobre como lidar com mediunidade, sobre qualquer fenômeno parecido, como tudo deveria ser conduzido.

"Mãezinha", era sim que eu a chamava.

"Mãezinha, mãe! Me perdoa por eu te fazer sofrer. Eu não queria que estivesse passando por isso. Eu não quero que você sofra, mãe!

Não é culpa sua mãe, eu vou ficar bem, eu só estou passando por uma fase. É a primeira vez na vida que eu me permito chorar, sofrer, dizer que não estou bem, que me permito ficar doente e dizer que estou doente.

Eu vou ficar bem, mãe! Mas eu precisava sentir isso, admitir que eu não conseguia falar sobre minhas dores, que eu não olhava para mim, mãe!

É libertador eu ter claro que sempre fiz de tudo para os outros não sofrerem e hoje ter consciência de que engoli tanta coisa que eu não queria passar.

Mãe! Você foi a melhor mãe do mundo, me criou da melhor maneira mesmo vivendo num mundo cheio de limitações, mesmo vivendo com a esquizofrenia desde os seus 17 anos.

Mãe! Você me criou melhor do que muita mãe que tem todas as condições mentais."

Foram mais de 3 horas de conversa e inúmeros foram os sentimentos que eu trouxe para ela quanto a nossa relação, lembro claramente dela respondendo a todos muito amorosamente.

O que acontecia ali era um encontro de almas, de espíritos. Ela respondia a tudo, eu ouvia a sua voz dentro de mim, sentia a sua presença junto a mim. Até hoje eu não tenho certo se a comunicação dela era uma voz interna ou se era expressa através da minha fala. Mas do que importa?

Vira e mexe eu precisava voltar atrás nas instruções recebidas para eu dar conta do que estava se passando. A nossa mente quer entender tudo o tempo todo e a minha consciência em me entregar a essa experiência era essencial para que pudéssemos concluir o que estávamos ali para fazer, ter a conversa que nunca tivemos. Eu repetia incansavelmente: "Não tenha medo! Se entrega! Confia no amor de Deus! Dê atenção a sua espiritualidade! Acredita!"

FLUIR DO ENCONTRO

Quando me dei por conta éramos nós duas dentro desse corpo aqui. Ela respondendo a todas as minhas dores, a todas as minhas indagações, me ouvindo e me acolhendo. Eu a ouvindo e a acolhendo.

Revisitamos os momentos mais difíceis e marcantes das nossas vidas. Olhamos para tudo aquilo que achávamos ser sofrimento e juntas ressignificamos analisando cada aprendizado que veio para a nossa evolução espiritual.

Era uma conversa natural, assim como dois seres humanos conversam aqui na Terra, a diferença era que parecia ter uma fluidez muito mais harmônica de falas, de escuta, de compreensão;

"SOMOS SERES ESPIRITUAIS VIVENDO UMA EXPERIÊNCIA MATERIAL TRANSITÓRIA"

Sim, eu já sabia disso, dizia que acreditava "na vida após a morte", o que eu não fazia ideia é de que não existe morte, continuamos vivendo após esse maquinário aqui parar de funcionar.

A presença da minha mãe comigo era de muita vida. Quem estava ao meu lado, em espírito, era a mesma mãe que me deu à luz, que me criou, que me educou, que me ensinou a ser quem eu sou hoje. É a mesma mãe que estava me contando como é onde ela está agora, me contando o que fez em outras vidas e o porquê escolheu ter vindo minha mãe.

Eu tive ali a certeza do que eu senti no dia do seu velório quando eu a vi naquele caixão de madeira sendo velada na sala da casa onde fui criada lá em Tubarão, interior de SC.

Eu olhava para ela "morta" deitada ali na minha frente, tão linda e serena; e em pensamento eu conversava com ela dizendo:

"Mãe, eu sei que você não acabou aqui, sei que continuas

mais viva do que nunca em algum lugar, sei que vais continuar comigo e viva dentro do meu coração" – aquilo era tão certo para mim e me acalentava muito naquele momento de dor.

PÓS ENCONTRO

Demorou muito para que eu escrevesse sobre essa parte da minha história. Eu não anotei nada assim que aconteceu, precisava viver o momento, sentir a experiência, deixar com que tudo reverberasse encontrasse o seu lugar dentro de mim.

Quase 1 ano após esse acontecimento foi que eu consegui escrever sobre ele. Se for para resumir o que esse encontro foi para mim, eu traria em uma palavra: Milagre. Para mim viver essa experiência de encontro espiritual com a minha mãe, após o seu desencarne, é um verdadeiro milagre. Por que um milagre?

O que eu vivi foi um milagre, sem ter qualquer conhecimento a respeito da vida espiritual, sem nunca ter estudado sobre mediunidade, sem sequer saber que eu possuía essa mediunidade ostensiva; estando só em um quarto, sem ser assistida por alguém que entendesse o que estava acontecendo, sem tudo isso, consegui realizar um encontro que durou mais de três horas com a minha própria mãe. Nos perdoando, ressignificando nossas dores, recebendo explicações dos "porquês" do que vivemos, vislumbrando como funciona a vida do outro lado. Hoje sei também que isso só foi possível devido a minha fé, por eu ter acreditado no que a Clara me disse, que minha mãe não estava bem e que eu precisava muito me conectar e gerar esse encontro para que pudéssemos conversar.

Por eu ter tido fé que era possível ela me ouvir, assim como Deus nos escuta o tempo todo. Esse encontro foi a maior benção que Deus me deu nessa vida. Depois desse dia tudo mudou e as transformações não pararam mais de acontecer.

UM GRANDE PRESENTE

Em determinado momento ela chegou no assunto da doença que teve em vida, a esquizofrenia, que foi diagnosticada aos seus 17 anos.

"Minha filha, eu vou te explicar para que você entenda um pouco a respeito desse assunto que em vida eu via como uma doença e que você até este momento também vê, sendo que na verdade a esquizofrenia foi um presente na minha vida e na sua também.

Em outra vida eu fiz muitas pessoas sofrerem e antes de voltar para a Terra nessa vida em que eu fui sua mãe, eu escolhi vir com essa doença e viver cheia de limitações. E mais, com todas essas limitações tendo a missão de cuidar de alguém e ensinar o que é o amor.

E eu consegui! Essa pessoa é você. Eu tinha a missão de ensinar a você o que é o verdadeiro amor, o que é um amor incondicional, de ensinar que o amor vem a frente de tudo e de todos.

Eu sei que consegui! Sei que eu consegui ser uma mãe amorosa e te ensinei tudo o que você precisaria para seguir na sua vida cumprindo a partir de agora com a sua missão de vida.

A questão é que eu parti antes que você soubesse por que aprendeu o que é o amor, por isso me sinto um pouco culpada, pois você está sofrendo, não entendendo o papel dessa doença na sua vida e não sabendo o que fazer com todo esse amor que conheceu e recebeu.

Minha filha, todo esse amor que pulsa dentro do seu peito, que te faz querer expandir daqui para frente, ele precisa ser partilhado, você aprendeu o que é o amor para que possa seguir falando dele. Você precisa e vai partilhar ele de diversas formas para o universo."

Amigos leitores, acho que podem se passar todos os anos da minha vida, eu sempre irei me emocionar ao reviver esse dia, a mais linda quinta-feira que vivi.

Esse foi o aprendizado dela com a esquizofrenia, dizendo que a vê como um presente para nós duas.

Na minha vida ela relatou que foi graças a essa doença que eu aprendi a olhar para o outro com igualdade, aprendi a respeitar todas as diferenças possíveis, pois cresci no meio de doentes mentais, frequentando hospitais psiquiátricos desde os meus 6 anos de idade, participando nas suas terapias semanais com grupo do SUS.

Foi através dessa doença que eu aprendi a olhar para o outro com empatia, a ter tato para lidar com as emoções das pessoas, aprendi a ser ouvinte, aprendi que realmente o amor é o sentimento mais soberano que existe e se temos ele presente em nossos corações, em nossas vidas, só temos a prosperar, a evoluir e a caminhar rumo a uma vida plena.

Todo esse aprendizado veio para que eu pudesse cumprir com a minha missão aqui nessa encarnação, para que eu pudesse me tornar quem me tornei e seguir minha jornada espalhando com todo o amor que habita em mim para divulgar e falar sobre todo amor e a luz de Deus que habita em todos nós, se estivermos disponíveis a acessar.

Desde que a minha mãe faleceu, eu costumava dizer que a maior herança que ela havia me deixado era o amor. Hoje eu tenho a certeza disso: que não existe herança mais valiosa neste mundo.

Conhecer o amor verdadeiro não é para todos — um amor intenso e incondicional. Eu só tenho gratidão a Deus por ter vindo sua filha. Quanto amor, minha mãe!

Me considero a mulher mais rica desse mundo. Casas, terrenos, posses, rendas, joias e empresas não chegam aos pés do bem que ela me deixou: o amor.

PERDÕES

Eu que achava que não tinha nada a pedir perdão para a minha mãe, essa era a oportunidade. Detalhes da adolescência, da infância, até da vida adulta vieram à tona e precisaram ser ditos.

Pedi perdão por não compreender quando ela não queria se separar do meu padrasto quando eu era adolescente. Ele bebia muito ainda, hoje graças a Deus está curado do alcoolismo. Ele bebia e a incomodava, fazia aquilo que a minha avó me ensinou que não poderia acontecer com ela, a incomodava e eu a via adoecendo.

Ele perdia a noção da realidade, nos insultava, tudo fora de si e um dia acabei me passando e agindo de forma desrespeitosa com ela. Eu não suportava a ver sofrer, mas só ela poderia decidir se separar. Pedi perdão pela forma como agi e um peso que eu não sabia existir, se dilui instantemente.

Pedi perdão por ter ido uma vez sem sua permissão para Florianópolis. Eu era jovem e estava numa fase da vida que não aguentava mais o alcoolismo dentro de casa, mas isso não justificava, eu faltei com respeito com ela, fui sem sua permissão e depois que a avisei.

Não pensei na hora em como se sentiria, eu era imatura, envolvida pelas companhias que não eram tão boas na época e me influenciavam.

Cada perdão recebido era uma sensação real de que sacas e mais sacas de mais de 10kg de arroz iam saindo dos meus ombros, e eu nem fazia ideia de que isso estava preso dentro de mim.

Todos os perdões recebidos, também foram dados para tudo o que ela achava que precisava ser perdoada.

Uma graça, esse encontro foi uma verdadeira graça de Deus concedida a nós duas. Deus é sem dúvida muito mais bondoso do que eu fazia ideia, nos permitindo viver todo esse milagre.

Analisando essa parte da conversa, quanto aos perdões, percebi o quanto nós tornamos a vida mais pesada querendo deixar para lá aquilo que deve ser perdoado e dado perdão. Percebi que é essencial dar atenção aqui em vida para não ficarmos com pesos inconscientes, para não carregarmos eles por aqui e para o lugar onde seguirmos após nosso desencarne.

OS PERDÕES PRECISAM SER DADOS E RECEBIDOS.

Outra clareza é buscarmos ter amor à frente de todas as relações, de todos os problemas. Olhar para tudo com amorosidade antes de agirmos com impulsividade.

A impulsividade nos impede de refletir, nos leva a agir de forma agressiva, sem a análise sensata dos fatos. *Trocamos os pés pelas mãos* e acabamos falando, agindo de maneiras a nos arrependermos depois, saindo do controle e, por consequência, gerando necessidades futuras de pedir desculpas, perdão. Na grande maioria das vezes, isso nem é feito.

Não é feito por orgulho, egoísmo ou porque decidimos colocar para baixo do tapete achando que "já passou".

Como ela e eu seguiríamos com tantos perdões a serem dados e recebidos?

Hoje somos outros seres espirituais. Segui leve e ela, no seu caminho de luz, também.

E se não tivéssemos esse encontro espiritual? Quanto sofrimento disfarçado seguiria dentro do meu ser e do dela também!

FOI ÁGUA OU A PROVA DA ÁGUA?

Eu não olhava para o relógio, mas creio que lá pela metade do tempo que fiquei no quarto, quando eu já estava mais entregue, quando já havia entendido que havia sido bem orientada um dia antes e era justamente para eu "dar conta" de viver tudo aquilo ali, foi que ela me pediu água.

Eu estranhei, pensei:" Mas se ela é um espírito, sente sede?". Como eu não entendia/entendo muito sobre esse assunto ainda, lembrei que ela tomava muitos remédios e tinha muita sede, poderia ter relação a isso.

Me levantei então para ir até a cozinha e eu não consegui ficar em pé, meu corpo não tinha forças nenhuma para andar, eu não tinha controle dele, era um "monte" de dormências que não se aguentava em pé e se encostou na parede.

Tentei andar e não conseguia. Foi então que ela me disse:

— Não, não precisa mais não, deixa para lá. Deite-se aqui!

Eu me joguei na cama de barriga para cima, quase em um tombo só. Ela me pediu:

— Fica aqui.

Num movimento involuntário, fui me contorcendo até ficar em posição de feto. Meu corpo começou a ter reações que eu não tenho como explicar, não existem palavras para o que senti.

Mas vamos lá tentar descrever; eu senti o seu corpo espiritual me posicionando no seu colo enquanto estava sentada atrás de mim, colocou a minha cabeça no seu colo e me acariciava, tocava meu rosto, meus cabelos.

Só me lembro de chorar, de viver intensamente aquele momento e o colo que a Clara tinha me dito que eu iria receber, não era em um sentido figurado, era um colo verdadeiro e muito amoroso.

Vale lembrar que esse colo de mãe foi dado após o falecimento do seu corpo físico e que em vida eu não tinha recebido o colo de uma mãe saudável, tranquila, totalmente curada e leve como ela estava nesse momento.

Eu estava ali mais uma vez recebendo o carinho da minha tão amada mãe – Graças ao meu bom Deus que me concedeu esse encontro que mudou a minha vida e que eu sinto que irá mudar o olhar de muitos filhos e mães que irão ter acesso a essa parte da história. Existe muita vida além da matéria – fato!

Aquele encontro com o corpo da minha mãe no dia 24 de agosto de 2012 no seu velório, foi apenas um momento simbólico e o "curioso" foi que ao receber a notícia da "morte" dela num sábado pela manhã, após eu ter perdido o chão eu fui até uma mesa da sala e peguei o Evangelho Segundo o Espiritismo que estava sempre ali para uma leitura ou outra. Fechei o a meus olhos e em desespero por saber que eu iria pegar a estrada e encontrar a minha mãe num caixão, eu pedi a Deus e a espiritualidade que pudesse me enviar uma mensagem que confortasse o meu coração para conseguir lidar com que estava por vir.

A página que abriu: "O amor de mãe nunca morre". Foi surreal, era um texto lindíssimo que falava sobre o amor além da matéria, que o amor de uma mãe é muito além do que isso aqui que vivemos. Que a morte física não representava o fim do amor de uma mãe, nesse sentido. Foi o que me fez ser tão forte para lidar com os dias que vieram pela frente.

Eu leio o Evangelho pelo menos nos 2 últimos anos quase que diariamente e nunca mais abriu nessa página. Coisas que não precisam de explicação.

Obrigada, meu Deus, por me permitir viver este momento e hoje poder compartilhar isso com mais pessoas, para que a minha história sirva, de alguma forma, como aprendizado para outras vidas mundo afora.

Nós somos muito além do que corpo e mente, já diria o meu grande professor de Cartografia da Consciência, da Especialização que eu estou finalizando em Psicologia Transpessoal, Professor Doutor Gustavo Rocha. Aliás, essa disciplina foi muito valiosa para o entendimento do que vem acontecendo comigo nos meses seguintes a essa primeira experiência anômala.

Voltando a água que ela havia me pedido, eu senti que aquilo era para que eu pudesse ter consciência do que estava acontecendo comigo, que o meu corpo era apenas uma ferramenta para o nosso encontro.

Se eu continuasse sentada até o final da nossa conversa eu não saberia como o meu corpo estava se comportando em toda aquela cena, não teria ideia ali do grau de entrega que eu estava vivendo e me levantar, sentir o quanto eu não tinha mais controle dele naquele momento, foi essencial para que eu me entregasse ainda mais para os momentos seguintes.

Ah, como ia me esquecendo de algo tão importante que contribuiu para que a entrega fosse ainda maior?

Quando a minha mãe me disse para eu me deitar e eu me joguei como um saco de batatas na cama, me vi na parede. Vi o meu espírito olhando para aquele corpo jogado na cama. Surreal! Me arrepio dos pés à cabeça ao me lembrar daquele momento.

UMA ESTAMPA EM GARGALHADAS

Depois do melhor colo da vida ela começou a rir, rir alto, era uma gargalhada muito feliz e isso tudo dentro do meu corpo, eu sentia seu rosto estampado no meu, eu sentia o seu sorriso lindo estampado junto ao meu.

Para que você consiga imaginar melhor a cena, era como se você pegasse dois slides de bocas sorrindo, de pessoas diferentes e sobrepusesse um ao outro, eles se uniam.

E eu perguntei:

— O que foi mãe? Por que você está rindo tanto?

Observem tamanha consciência que ela trouxe para o momento:

— Minha filha, eu estou rindo de alegria. Tu achas que isso acontece todo dia? Uma mãe que já "morreu" conseguir ter o encontro com a sua filha? E mais, tendo a conversa linda que a gente teve? Isso não é comum, minha filha! Isso é praticamente um milagre. Precisamos agradecer a Deus por este presente, por este milagre que ele nos concedeu. Eu estou muito feliz! Muito feliz! Olha o que estamos vivendo, minha filha!

Seguimos juntas e sorrindo, tomadas pela emoção dessa consciência.

Felizes estávamos.

O SEU FUTURO

Nessa parte do encontro, além de ouvir a sua fala dentro de mim eu via seu rosto uns dois passos a minha frente.

A sua expressão era de tranquilidade e muita doçura no olhar me dizendo:

"Minha filha! O teu futuro é tão lindo. Tão lindo! Tão lindo que tu não pode nem imaginar, tu não faz nem ideia".

Eu até aquele exato momento vivia uma tristeza profunda, tudo o que eu mais me preocupava era dinheiro.

Eu só pensava: "Meu Deus! Eu sinto que eu quero trabalhar com amor, é tão forte isso dentro do meu coração, eu quero trabalhar com algo que leve o AMOR as pessoas, que eu possa fazer o bem, que eu possa ajudar as pessoas. Mas como eu vou viver disso? Como eu vou pagar contas com isso? Que profissão é essa meu Deus?

Minha mãe chega e me diz para eu ficar tranquila que o meu futuro era lindo? Confesso, um alívio tomou conta do meu coração. Ela só dizia para eu não me preocupar, para eu seguir ouvindo o meu coração, para eu seguir a minha intuição, que eu não me preocupasse com dinheiro.

Ela reforçava, que eu não poderia me preocupar com dinheiro para que as coisas acontecessem conforme eram para acontecer. Que a partir de agora a minha vida iria seguir esse caminho, que eu seguiria minha caminhada levando o amor ao mundo.

É tão linda a expressão do seu rosto me dizendo: "Minha filha...o teu futuro é tão lindo..." seus olhinhos fechavam serenamente e expressava uma satisfação de mãe ao saber e me dizer que tudo ficaria muito bem.

CAPÍTULO SEIS

MEDITAÇÃO PARA TRANSFORMAÇÃO

Liberta do casulo e estendida no tapete da sala o meu Mentor revisava as minhas maiores dores e me apontava os aprendizados colhidos.

Tudo começou através de uma meditação guiada e eu como me conecto muito facilmente as orientações dadas, me desloquei de forma imediata para onde a terapeuta que narrava a meditação nos guiava.

Na medida em que eu ganhava compreensão e acreditava no que ele me trazia, uma força de energia subia aos poucos, partindo dos meus pés.

Era como uma corrente elétrica que percorria cada célula do meu corpo, molécula a molécula, e ia me reenergizando de forma regular, uniforme. Subia pelo corpo que eu habitava momentaneamente... Aquela experiência de ser uma borboleta que acabara de se libertar!

Nesse momento eu vivia e sentia a vida num universo transparente, envolvido por cores claras com reflexos ainda mais claros. Eu não me lembro de cheiros, só sei que era o lugar mais limpo e neutro que já visitei.

Tudo o que meu mentor me trazia ia fazendo sentido, com isso a corrente de energia ia minuto a minuto transcendendo e eu estava indo para um lugar desconhecido e eu sabia que o que estava por acontecer iria mudar radicalmente a minha vida, era uma certeza absoluta dentro de mim.

Depois de ter voltado a todas as cenas e ressignificado tudo o que até então eu via como as maiores dores da minha vida, a energia já se encontrava na ponta das minhas asas, já havia passado por todo aquele meu "novo corpo". A sensação que eu tinha era de que realmente eu era um ser com asas.

Eu me alongava, sentia "na pele" a energia se espalhando e ia conhecendo melhor as minhas novas formas.

Era chegado então o momento final, eu sentia. Toda energia já havia sido transmutada junto com os meus conceitos e valores, estava prestes a transcender o meu corpo saindo pelas pontas superiores das minhas asas, que no meu corpo humano significava a ponta dos meus dedos das mãos.

Meus dedos na forma humana estavam unidos como quem segura um punhado de sal e no corpo da borboleta era como se a pontinha das suas asas estivesse ainda encolhida, voltada para dentro de toda a sua grandeza.

O momento a seguir seria o êxtase, o ápice de toda parte desse encontro.

Eu não sei como eu sabia, só sabia. Talvez intuitivamente ou por meio de alguma memória de outra vida, mas eu sabia que eu estava prestes a me libertar de toda energia antiga do meu ser e uma nova consciência estava por nascer.

O improvável aconteceu. Tudo estava caminhando de forma tão amorosa, fluída, divina. Eu tinha o meu Mentor me guiando, um ser de muita luz que veio até a Terra contribuir para que um ser humano pudesse viver tudo isso! E o que acontece?

Aquela cena foi bloqueada, alguma dificuldade encontrada e as minhas "mãos/asas" não se abriam de forma alguma. A energia paralisou bruscamente e algo me dizia que o processo não seria finalizado.

Um medo absurdo surgiu na cena e a minha mente começou a racionalizar toda aquela situação. Hipóteses totalmente desnecessárias foram sendo criadas querendo me explicar o que era tudo aquilo que eu estava vivendo e o porquê daquela imensidão de luz que estava dentro de mim não ter transmutado, me impedindo de concluir essa experiência linda de transformação e iluminação espiritual.

Eu não sei me referir a tudo o que aconteceu sem falar que foi um fenômeno, pois era algo nunca vivido nos meus 41 anos de vida na matéria, era algo muito além do que o nosso corpo sente e nossa mente entende. Sim, era um fenômeno.

Na vibração do medo a minha energia foi baixando e abrindo espaço para sensações ruins, para insegurança, preocupação e daí em diante, sem que eu percebesse comecei a me perguntar o que era tudo aquilo que estava acontecendo comigo e me veio a pergunta se tinha algum "espírito do mal", foi exatamente assim eu me referi, se existia ali algum espírito querendo me impedir de concluir o meu processo de iluminação. – Vale ressaltar que nesse momento eu não me referia ao que eu estava vivendo como um caminho para a iluminação, só fui ter esse conhecimento 6 meses depois quando de fato aconteceu.

Depois de viver uma busca interior incessante por autodescobrimento, por conhecimento, cuidando das minhas energias, de todos os meus corpos: físico, mental, emocional, energético e espiritual, foi que de fato o fenômeno ocorreu por inteiro e eu renasci, em setembro de 2021.

O medo trouxe a razão com tudo para o momento e eu me perdi do nível de consciência e lugar do universo que eu me encontrava com o meu mentor. Minha mente começou a trabalhar compulsivamente: "O que está acontecendo que eu não estou conseguindo me libertar e deixar que essa energia transcenda o meu ser?". Comecei ali uma luta que eu fazia ideia de onde iria me levar nos dias seguintes.

Eu já estava naquela "meditação" por mais de duas horas, a Roberta só me perguntava da sala em alguns momentos se estava tudo bem enquanto seguia trabalhando no seu escritório. E por mais que eu estivesse em outro mundo, em outro nível de consciência, eu conseguia estar presente ao que se passava ao meu redor e respondia que sim.

O medo tomando conta de mim me levou a crer que eram irmãos espirituais sofredores que estavam tentando me impedir de seguir meu caminho de luz e trazer esse pensamento foi o mesmo que me trazer tormento, perturbação e nervosismo. Muitos eram os pensamentos negativos que cercavam a minha mente naquele momento, vindas a partir da baixa vibração que eu mesma criei, por falta de conhecimento, claro.

Eu não tinha noção nesse momento da história do quanto nós mesmos criamos as vibrações ao nosso redor e não só através dos lugares que escolhemos frequentar, das amizades que decidimos ter por perto, do tipo de relacionamento que nos submetemos, do que assistimos, do que ouvimos, do que consumimos, mas também através da escolha dos nossos sentimentos, pensamentos e energias, tudo isso impacta e muito nosso estado vibracional e no que eles irão atrair.

Deitada naquele chão e invadida por aquela nuvem de medo eu queria por tudo que aquela energia saísse pelas minhas extremidades superiores e se conectasse ao Divino, que era isso que eu sentia que iria acontecer.

O que fiz? Resolvi pedir ajuda para Roberta, mesmo sabendo que aquela cena, de uma mulher estendida no chão em desespero, poderia assustá-la. Foi que me veio para fazer.

A chamei e, ainda de olhos fechados, com as pernas e braços totalmente abertos no chão da sala, eu chorava e tentava me acalmar ao mesmo tempo. Dizia para ela não se assustar, que estava tudo bem, que tudo o que estava acontecendo era de luz e de amor, mas que eu precisava da sua ajuda para abrir as minhas mãos, sem mais explicações.

Mesmo de olhos fechados, senti que a cena a deixou assustada, mas ainda assim, pegou na ponta dos meus dedos e tentava abrir conforme eu orientava. Era surreal a força que mantinha aqueles dedos trancados todos unidos, como se estivessem ainda segurando o mesmo punhado de sal.

O verdadeiro motivo do porquê a transformação não ocorreu naquele momento, hoje eu sei — e, ao longo das histórias deste escrito, você também saberá.

Não era a hora de se abrir e não era culpa de nenhum espírito sofredor que estava tentando me impedir de nada. Não foi o medo, simplesmente não era o momento, pois faltava algo muito importante que eu ainda não tinha para que a iluminação acontecesse.

Mas como que aquele *"ser humanozinho"*, que do dia para a noite começou a acessar outros níveis de consciência, ouvindo pela primeira vez orientações "do além", se vendo em outros lugares da dimensão universal, iria saber disso?

Era tudo muito novo e nada estudado, lido, pesquisado ou buscado conscientemente. Hoje eu olho para trás e me emociono ao me lembrar tudo o que vivi. Quanta coragem, quanta entrega!

Ela tentando abrir e eu forçando a minha mente para que eu conseguisse abrir minhas mãos, não foi nada fácil pois eu não tinha controle nenhum do meu corpo. Parecia que tinha *superbonder* entre meus dedos, sério! Ali o que me vinha era rezar para que "eles" me deixassem viver aquilo, fui saindo do mundo espiritual que eu estava e, claro, tendo novamente controle do meu corpo. Esse final foi muito difícil, muito tormentoso, conturbado.

Ela conseguiu abrir minhas mãos, minha consciência corporal também me ajudou com que isso acontecesse, mas a anergia se estagnou na metade da palma das minhas mãos, não foi concluído o que estava para ser.

Fiquei por algumas horas em outro planeta, sem entender tudo o que aconteceu, sem entender todo aquele intensivo prático de Reiki, Yoga e Terapia de cura.

CAPÍTULO SETE

ELES ME CEGAVAM – EU NÃO ENXERGAVA

Era aniversário de uma amiga muito especial e decidimos fazer uma festinha surpresa com poucas pessoas, só umas seis, bem próximas. Depois dos *parabéns* e de comer algo, fomos para o quintal. Ela morava no Canto da Lagoa, um lugar muito gostoso. De vez em quando, apareciam tucanos, macaquinhos e umas cobrinhas comuns — outras bem assustadoras. Era um condomínio de casas e o proprietário procurava preservar ao máximo a natureza.

Clara me perguntou como eu estava, como estavam sendo os meus dias após o encontro que eu havia tido com a minha mãe e, naquele momento, eu não tinha ideia do tamanho do sofrimento que eu vinha vivendo nos últimos três dias — e nem sonhava que eu estava sendo obsediada, vivendo um verdadeiro inferno dentro da minha casa. *Dentro da minha mais sagrada casa: meu corpo.*

"Algo" me dizia que eu não deveria falar nada para ela do que os espíritos estavam me dizendo para eu fazer e eu vinha obedecendo, então eu falava que não sabia se eu deveria falar e ela claro, já experiente com situação similar que viveu me estimulava a "entregar" tudo o que eles estavam fazendo comigo e eu ingenuamente, por não ter conhecimento algum e estar totalmente cega diante daquela obsessão, cedia aos comandos deles, seres sofredores.

Eles me induziam a eu ir para o banheiro, trancar a porta, me deitar no chão e ficar me debatendo, ficar rolando no piso do banheiro nua de forma a machucar minhas costas no piso, me faziam ficar por horas e horas me autoflagelando. Falei para ela que eu não estava aguentando mais, que não estava dormindo.

Eles diziam que para eu viver levando o amor e a luz de Deus, que para eu viver fazendo o bem eu precisava passar por tudo aquilo. Em tom imponente e sério faziam com que eu me questionasse: "Você não sofreu na sua vida para aprender? Não passou por tudo o que passou para chegar até aqui? Por que acha que seria diferente? Você precisa passar por tudo isso para depois se transformar."

Contei a ela que eu perguntava a eles: "Será que eu não preciso de ajuda de alguém? Tantas pessoas quando passam por algo espiritual como eu estou passando, pedem ajuda de alguém mais experiente, eu creio que eu preciso de ajuda, eu preciso pedir ajuda" e eles me respondiam que eu não precisava de ajuda nenhuma, se a vida toda eu dei conta de tudo sozinha, por que agora eu iria precisar de ajuda?

Naquele momento, ela não me falou nada sobre o que estava acontecendo. Por mais que agora pareça claro que eu estava sendo obsediada por irmãos sofredores, quando você está vivendo, eles nos cegam e nos enganam de uma maneira muito convincente. Apenas me abraçou demorado, eu só sabia chorar, já não estava mais aguentando viver aquela tortura que estava me deixando virada sem dormir por três dias. Eles entravam dentro do meu corpo e torturavam a minha mente de forma obsessiva. Foi terrível.

Quantas pessoas passam por situações semelhantes e nem sonham o que está acontecendo, que não pedem ajuda, que não tem ninguém com conhecimento por perto, que não sentem confiança em compartilhar com ninguém a sua situação com medo de ser julgado como louco, psicótico.

Quantas pessoas procuram um psiquiatra que não tem conhecimento e nem abertura a nada além do corpo e da mente e recebem o diagnostico de alguma doença mental sendo medicadas com remédios fortíssimos e dali seguem internadas em hospitais psiquiátricos pelo resto da vida, se tornando dependentes quimicamente dessas medicações e perdendo suas vias?

Ter acesso ao mundo espiritual é um dom, é uma benção, uma graça, um presente de Deus. O que precisamos é de conhecimento. O desconhecido nos causa medo, mas a partir do momento em que você vai compreendendo esses dois mundos, vai percebendo que está no controle do seu estado vibracional — é aí que está a grande chave para uma vida plena.

Não à toa estamos aqui agora falando sobre isso, muita clareza virá para quem já passou ou passa por algo semelhante ao que eu vivi e saberá que não está sozinho. Existem irmãos capacitados espalhados por todo o mundo e que contam com o auxílio da espiritualidade de luz e de amor para acolher, atender e ajudar quem sofre com espíritos obsessores, aqueles que têm acesso à espiritualidade e não sabem como lidar, que têm medo.

Os centro espíritas estão espalhados por toda parte do mundo para ajudar você que vê pessoas que já "morreram", você que é atormentado durante à noite por toda uma vida — seja nos sonhos ou mesmo acordado — e que foi diagnosticado com paralisia do sono, sendo que, na verdade, são obsessores, sofredores que o atormentam.

A espiritualidade ampara, trata, cura e liberta, só é preciso que você REALMENTE queira e faça a sua parte. Sem fé, sem acreditar, nenhum milagre acontece. O amor, a confiança em Deus, cura qualquer lepra.

Voltando...

Saindo do aniversário voltamos para a casa, chegando em casa eu tomei um banho e finalmente consegui dormir uma noite inteira sem nenhum sinal de perturbação, eu não podia acreditar, um sinal de que a paz estaria voltando para dentro de mim.

Animada convidei a Roberta para dar uma volta na praia, era dia de trabalho dela, mas acabou ajustando sua rotina para pegarmos um sol. Fomos até a Joaquina, o dia estava lindo e eu me sentia melhor, sem as vozes me dizendo o que eu tinha que fazer ou não. Eu nem podia acreditar.

Molhei os pés na água, fomos até as pedras que davam para uma vista linda do mar. Ficamos ali um tempinho sentadas e nisso, ela recebe uma mensagem da Clara, querendo encontrá-la, desejando conversar com ela.

Algo me dizia que o assunto era eu mesma — e estava tudo bem. Em quem mais eu poderia confiar se não naquele ser de luz que vinha me dando direção para tantas clarezas e libertações? Na Clara.

Elas combinaram de se encontrar lá na casa da nossa amiga do aniversário do dia anterior. Seguimos, então, em direção ao carro.

Enquanto andávamos, ela um pouco mais à minha frente, veio um "pensamento" que não era meu. Na verdade, era uma outra voz dentro de mim me dizendo em tom irônico: "Hã! Ela vai tentar convencer a Roberta de que estão acontecendo coisas ruins com você". E sem que eu esperasse, um pouco antes de entrar no carro, solto uma risada alta e masculina debochando da situação. Sensação horrível! Foi a primeira e única vez que a voz de outra pessoa se expressava através de mim e a energia dela não era nada boa.

Entrei no carro toda arrepiada e tentando perceber se a Roberta havia ouvido ou não aquela voz, mas vi que não.

Chegando na lagoa, a Clara e ela foram conversar a sós, coloca a par toda a situação que estava acontecendo comigo naquela semana. Ela também compartilhou tudo o que vinha presenciando dentro de casa, tudo o que me via sofrendo e que não sabia o que fazer para ajudar.

Voltaram as duas já alinhadas, me chamando para conversar na sala. Eu só pedi que fosse ao banheiro antes e sozinha, em um momento de consciência antes de voltar para a sala onde iríamos conversar — de muita consciência mesmo — revisitei meus pontos de energias, trazendo em mente as cores de cada chakra, buscando ficar centrada. Pedi a Deus que me ajudasse a compreender o que precisava ser compreendido.

Voltei, me sentei no tapete da sala. Clara sentou-se à minha frente em uma cadeira. Roberta estava ao seu lado.

De forma muito sutil e amorosa ela me disse que havia ficado muito preocupada com o que encontrou ao conversar comigo no dia anterior, que sabia que seria difícil eu acreditar no que ela iria me falar, mas que eu estava sendo enganada. Que ela já havia passado por tudo o que eu estava passando e que foram momentos de muito sofrimento, isso lá na sua adolescência.

Enquanto ela ia tentando me explicar que existiam espíritos mentirosos, sofredores, zombeteiros que se fazem passar por espíritos de luz, de amor, por personalidades, por pessoas do bem que já partiram daqui, eu ouvia uma voz dentro de mim me dizendo que ela estava mentindo, que tudo aquilo não era verdade, que a experiência dela não era a mesma que a minha e por isso eu não poderia acreditar em nada do que ela estava dizendo, mas que eu deveria fingir que estava acreditando.

Eu não sei quanto tempo durou, mas se ficamos 1 hora, 30 minutos, eu estava resistindo a toda verdade que ela tentava me mostrar.

A virada de chave veio quando ela disse:

— Amiga, eu sei que estais fingindo acreditar no que eu estou falando e que dentro da tua cabeça algo te diz que é tudo mentira.

Não acredita neles, amiga! Amiga, Deus é amor! Para viver esse seu momento, você não precisa sofrer. Você acha mesmo que Deus iria fazer você se machucar? Iria dizer que precisas sofrer sozinha? Deus é amor puro, amiga. Me conta, quando aconteceu todo aquele encontro lindo com a tua mãe na semana passada, houve sofrimento?

Amiga, precisas procurar ajuda para aprender a lidar com tudo isso. Amiga! Você é luz, você é amor e o teu caminho é lindo. Eles não vão te impedir de seguir a tua jornada, amiga."

Essas palavras acessaram algo dentro de mim e foram limpando as minhas lentes, que estavam totalmente sujas e me impediam de enxergar a cruel realidade do que estava acontecendo comigo.

Ela trouxe à tona o estado em que eu me encontrava no dia anterior, ela relatou que a minha energia, o meu olhar, a forma com que eu falava era horrível, era doloroso de ver e que decidiu ao me abraçar levar com ela tudo o que estava comigo, nesse momento eu nem sabia que isso era possível, eles seguiram com ela. Se essa é a forma correta de lidar com a situação eu ainda não sei, mas intuitivamente ela o fez e foi o que me libertou.

Não à toa eu saí dali mais leve, e consegui dormir plenamente, enquanto ela passou uma noite perturbadora e em claro lidando com tudo o que estava acontecendo comigo.

Como voltar a esse assunto e não me emocionar?

Eu tenho uma amiga que escolheu levar consigo toda a dor que estava comigo, todo peso que vinha me afundando, todo fardo que estava me levando ao autoflagelo, ao profundo sofrimento — psicológico, mental, espiritual e físico —, à autopunição.

Ela escolheu tirar de mim tudo o que estava tirando a minha sanidade mental, tudo o que estava me perturbando de forma alucinadora e levar consigo. Que anjo vive no nosso meio! Que benção conviver com você, ser de luz! Quantas graças ainda serão alcançadas por intermédio seu quando você criar coragem de assumir esse dom lindo e que o mundo precisa do seu Servir.

BAIXEI A VIBRAÇÃO E ELES SE APROPRIARAM

No dia em que eu comecei a viver todo aquele processo de transformação espiritual no qual meu mentor veio me guiar para aquele fenômeno, no qual saí do casulo, ganhei asas. Naquele dia eu achava que a "culpa" de a energia não ter transmutado era dos "espíritos do mal" que surgiram no final do encontro para impedir que tudo ocorresse conforme era para ser, o que eu não sabia foi que eu mesma abri espaço para que eles se aproximassem de mim.

Tudo aquilo era muito novo para mim. Eu saí do meu corpo, estava ouvindo vozes me guiando, senti que eu não estava presente ali. Pela primeira vez, acessava outros níveis de consciência. Em um determinado momento, a minha mente começou a me bombardear e a questionar o que era aquilo tudo o que eu estava vivendo. Senti medo.

Um medo enorme do que estava acontecendo, fomentei aquele medo que foi ganhando espaço e força dentro de mim, comecei a me questionar se aquilo tudo era normal, se não era "coisa ruim" querendo me perturbar e foi onde tudo "degringolou". Desde que eu comecei a vibrar naquela sintonia de forma intensa, dando espaço a vibrações baixas e atraindo energias negativas, eu comecei a sentir a presença de espíritos com más intenções comigo.

Eu não me culpo por nada do que aconteceu e me levou a esse enredo. Eu não tinha consciência. Mais uma vez, só tenho a agradecer a Deus por me permitir essa intensa experiência. Graças a ela, eu procurei ajuda de quem entendia sobre o assunto para poder me guiar, graças a ela eu conheci e vivi os dois lados em menos de uma semana — de quem recebe visitas de seres de luz e de seres sofredores dentro do seu próprio corpo.

Eu pude sentir a vibração em que cada um deles vive.

Deus é tão maravilhoso, tão perfeito que não me colocou nessa experiência à toa, me colocou para que eu pudesse trazer aqui nessa escrita, que todos estão sujeitos a serem ludibriados, enganados por espíritos sofredores, mentirosos, zombeteiros, todos nós, todos!

Se me contassem que eu, uma pessoa do bem, que vinha cada vez mais tentando viver a verdade, cada vez mais me livrando das minhas sombras, cada vez mais tentando viver as leis de Deus na minha vida, que cada vez mais buscava encontrar a paz interior, que vinha meditando, buscando me desprender dos apegos do ego, que vinha tendo sonhos, visões, intuições e vivendo experiências todas vindas de um lugar de muita luz e muito amor, que vinha cada vez mais sentindo a presença de Deus em minha vida, que vinha me sentindo evoluindo meu nível de consciência, eu iria ser enganada por espíritos atormentados, eu não acreditaria que isso seria possível, eu juro!

Na minha ignorância real isso nem existia, eu não tinha conhecimento a respeito. Eu acharia que iria perceber, que sou inteligente e perspicaz o suficiente e que iria notar "de cara" que eles estariam tentando me enganar, que iria orar e eles iriam embora.

Engano meu, e que engano meus amigos! Eu fui totalmente conduzida ao inferno acreditando que era o caminho do céu, que era o caminho que eu tanto buscava, aquele caminho de paz, de plenitude, de libertação, de tranquilidade, de aprendizado, um caminho de evolução que busco dia a dia realizar aqui nessa matéria.

Eu fui enganada e hoje, olhando para a minha vida, quantas vezes devo ter sido induzida a agir na direção contrária à minha natureza, ao caminho que me levaria à minha missão aqui nesta vida. Quantas influências podem ter vindo de energias que não queriam permitir que eu seguisse na minha direção, justamente por ser uma direção de muito amor e luz.

Precisamos estar atentos, quanto mais alto e lindo for o nosso objetivo rumo a ascensão da humanidade, maiores serão as forças que estarão nos rondando tentando nos desviar dos nossos projetos junto a Deus, precisamos orar e vigiar atentamente.

Quantas vezes eu senti em meu coração que a direção era uma, era latente dentro de mim o caminho que eu deveria seguir, mas então surgia aquele pensamento que me dizia: "Não!

Fica aqui! Não adianta você ir por lá agora, é mais difícil! Você vai sofrer muito se for por lá, as pessoas vão sofrer, fica aqui!"

Jesus, quando caminhava pelo deserto para tentar ouvir o que Deus queria dele, enquanto meditava por lugares quentes e inabitados, era atormentado por vozes/visões que questionavam:

— Tem certeza de que você vai ficar passando trabalho, passando sede, sofrendo no calor deste deserto? Você já está aqui há dias e Ele nada de aparecer para te trazer respostas... Volte para casa! Você não tem mais nada para fazer aqui!

Se Jesus, o nosso grande salvador, passou bons bocados ao ser tentado a desistir da sua missão enquanto filho de Deus, imagine nós que vivemos tão distantes da verdade, tão distantes de uma vida santa, tão distante dessa consciência Crística!

CHEGOU A HORA DE SAIRMOS DA IGNORÂNCIA!

É chegada a hora de nos abrirmos para outros olhares, de nos abrirmos para aquilo que decidimos racionalmente não acreditar, o que vai além da matéria, o que é espiritual. Nós somos levados pela maioria, sem ao menos buscar conhecimento profundo para entendermos diante a luz da física quântica, a luz da ciência que vem evoluindo nas últimas décadas com o que diz respeito a Espiritualidade.

Existe uma realidade além da matéria, existem outros mundos além deste aqui. Tudo o que eu venho vivendo desde março de 2021, não aparecerá numa tomografia, num raio-x, não será atestado por um médico ou cientista — *mas por ter vivenciado, garanto que foi tudo real.*

O que acontece ainda? Por ser algo além do corpo, matéria e mente costuma ser visto como uma hipótese, doença, anomalia, como um surto esquizofrênico, mesmo eu sendo atestada pelo meu Psicólogo Transpessoal, pela minha Terapeuta e pelo meu Psiquiatra que eu vivo dentro da minha total sanidade mental, eu tenho enorme chance de ser considerada louca.

Só eu sei o que vivi, o que senti. Foi o meu ser que foi direcionado pelo meu mentor, fui eu que recebi a visita e vivi esse milagre que me permitiu receber o colo que eu nunca havia recebido da minha mãe, em total plenitude da sua saúde. Fui eu que vivi a graça de todos esses esclarecimentos virem diretamente até mim quanto a minha caminhada a partir daquele momento. Fui eu que recebi a benção de renascer na sua frente permitindo que ela seguisse tranquila seu caminho de luz, de evolução. Foi eu que me comprometi diante dela que não iria me desviar desse caminho e aqui estou.

É chegado a hora de darmos um salto na nossa visão quanto ao mundo real que vivemos: o Espiritual.

Uma pergunta clara que indaga a todos os crentes em qualquer religião, ateus, a quem quer que seja. Se os seres humanos têm dificuldade em acreditar em espíritos, por que há quase 18 séculos as orações são voltadas a Jesus Cristo, um ser humano que já morreu? Por que pedir a ele que olhe por nós, se ele já morreu?

Ah, mas ele era Jesus, filho de Deus e da virgem Maria!

Sim, mas viveu numa época da humanidade em que ele era "só" mais um ser humano tentando pregar a palavra de Deus que era viva nele, foi julgado como nós somos, passou por dificuldades inimagináveis da época, morreu por nós naquela cruz e, ainda hoje, conversamos com ele, fazemos orações direcionadas a ele.

Mas ele não é um espírito? Por que falar com virgem Maria, ela não morreu? Por que conversar com um santo, também morto?

De forma descomplicada, desmistificando um pouco isso tudo, nós conversamos com seus espíritos que continuaram vivos, o corpo era apenas ferramenta para que eles pudessem realizar aquela participação no mundo material. Eles, nós, todos nós, somos seres espirituais que vivemos nesse momento essa experiência material, que é transitória, poderemos encerrar essa fase aqui quando o corpo por algum motivo parar de funcionar e seguiremos no plano espiritual, cada qual com suas escolhas também no além.

CAPÍTULO OITO

EMERGÊNCIA ESPIRITUAL

Após eu ter vivido o maior presente e grande milagre da minha vida, que foi ter tido aquele encontro espiritual com a minha mãe, no qual tivemos a oportunidade de ressignificar todas as nossas dores e culpa, também vinha vivendo um turbilhão de sensações e experiências na minha vida. Um canal se abriu e um mundo novo vinha sendo apresentado diariamente. Eu não sabia lidar com nada, era surpreendida a todo instante.

Após esse dia, eu ainda não entendo muito, ou melhor, quase nada sobre como funcionam essas questões espirituais, por isso sei que seguirei sendo uma eterna estudante da Espiritualidade. Mas o que eu senti foi que uma sensibilidade aflorou e não só para as coisas boas e de luz, eu não estava conseguindo mais nem ir ao mercado em paz.

Eu parava do lado de alguém que estava na fila do caixa e tudo o que aquela pessoa estava sentindo de ruim vinha para mim. Eu passei a receber todo tipo de energia e a presença de espíritos sofredores, obsessores, começou a fazer parte nos dias.

Eu precisava de ajuda. Foi então que eu entrei em contato com um terapeuta, o Rica, marquei um horário para ver se ele me atenderia e poderia me ajudar com o que estava acontecendo.

Relatei o quanto eu estava perturbada por não saber lidar com todas as experiências novas vindas por meio do acesso que eu estava tendo com a espiritualidade.

Eu não entendia o que era coisa da minha cabeça, o que era espiritual, o que era ansiedade, o que era obsessão, se eu estava tendo algum surto psicótico e conversar com ele, um dos seres humanos mais amorosos que eu conheci até hoje, era uma esperança.

Após me ouvir, falou que gostaria muito de me ajudar no meu

processo, mas que ele não seria a pessoa ideal para esse caso, indicando então um amigo por quem ele tem muito carinho e gratidão. Essa pessoa seria o Flávio, um Psicólogo Transpessoal e Espírita, que já teria também o ajudado em algum momento importante da sua vida. Me passou o seu contato e, no mesmo dia, agendei um horário.

Eu expressei ao Rica o quanto ele é especial, o quanto faz diferença na vida das pessoas, mas eu ainda quero encontrá-lo pessoalmente e abraçá-lo para agradecer por essa indicação e por toda energia de luz que espalha mundo afora.

PSICÓLOGO, PSICOTERAPEUTA TRANSPESSOAL?

Ansiosa pela consulta que eu acreditava que seria a salvação para o momento que eu vivia, cheguei no consultório na mesma semana em que liguei para marcar.

Abriu a porta um jovem senhor, bem jovem, alto, pele clara, um olhar azul lindíssimo que transmitia muita serenidade. Era o Flávio Osaida, homem de um coração gigante que me acolheu diante da perturbação em que eu me encontrava.

Naquele dia, começaria uma relação na qual nos encontraríamos toda sexta-feira durante 6 meses. O combinado das sessões era a duração de uma hora. No primeiro dia, nem percebi que falei por mais de 1h40 quase que sem parar. Vez ou outra, ele conduzia para que eu trouxesse informações do que estava acontecendo, sobre o que eu estava vivendo, sobre o que eu estava sentindo.

Foi nesse mesmo dia que ele me explicou como funciona o seu formato de trabalho e que com ele é o próprio paciente que se dá alta. Confesso que pensei: "Meu Deus, quando será que eu estarei em condições de me autoavaliar, de me dar alta?" Tendo em vista o estado que eu me encontrava, tão desorientada e perturbada.

Por ele ser Psicólogo, Especializado em Transpessoal e também espírita, logo foi me trazendo uma luz enorme e aos poucos fui tendo compreensão daquele novo mundo do qual eu fui apresentada.

Fui ganhando conhecimento a respeito da minha mediunidade, até então desconhecida. Percebendo o quanto o fato de eu não ter conhecimento, me causava medo, ansiedade e insegurança.

O acompanhamento do Flávio e a troca do psiquiatra — agora estava sendo acompanhada pelo Doutor Ramon Córdova, também espírita, que já vai aparecer por aqui no capítulo seguinte — foram duas escolhas essenciais para que saísse do estado de emergência que eu me encontrava. No entanto, não era o suficiente, eu sentia que eu precisava estudar a mediunidade, conhecer e conviver com pessoas que vivem o que eu vivo. Então, senti que precisava procurar um centro espírita.

A maioria dos centros não estavam com atividades presenciais devido a Pandemia, buscando aqui e ali, eu cheguei a um centro no Canto da Lagoa, que estava tendo atividades on-line e em pouco tempo eu já estava inscrita para participar de um grupo de estudos da doutrina espírita.

Participei por dois encontros, mas eu não me senti conectada e fui "obrigada" a ceder a algo que o meu coração já tinha me pedido algumas vezes, que eu fosse para o Ana Luz.

O Flávio falava com tanto amor do Centro Espírita Ana Luz que eu já me sentia parte daquele lugar, sentia muita vontade de participar das atividades, de conhecer as pessoas. O que me impediu de ir direto para lá, foi o fato de ser bem longe da minha casa, e os horários das atividades me fariam chegar bem tarde.

Pois bem, decidi seguir a voz do meu coração e o que a minha intuição me pedia, conversei com o Flávio que me colocou num grupo de estudos on-line, o que foi muito bom, mas eu senti que precisava conversar pessoalmente com alguém da casa, falar de tudo o que eu vinha vivendo com relação a minha mediunidade, principalmente sobre o episódio em que me encontrei com mamãe.

No dia seguinte eu estava sendo atendida fraternalmente te pelo Newton, homem bondoso, olhar manso e com muita experiência de vida com relação a participação em estudos e práticas religiosas que vivem o mundo espiritual.

O seu acolhimento, sua escuta e direção foram um divisor de águas na minha vida. Ali entendi que o meu relógio, o meu tempo, não seria nunca mais o mesmo. Entendi também que o que eu vivi com a minha mãe, havia sido um grande renascimento.

Depois de meses como ouvinte, fui convidada a entrar para o grupo de estudo mediúnico. Estudava também a doutrina.

No Ana Luz eu encontrei muito da luz que eu precisava. Lá eu me senti acolhida por pessoas inesquecíveis que para sempre ficarão guardadas no meu coração e eu sei que toda a espiritualidade do Ana Luz também me acolheu e me tratou para que eu pudesse seguir na minha caminhada, cumprindo com a minha missão.

ALTA

O que era inimaginável 6 meses antes aconteceu, eu iria me dar alta das consultas com o Flávio.

Lembro-me que as duas últimas consultas eu fui pronta para dizer isso a ele, mas não consegui pois eu amava tantos os nossos encontros, me fazia tão bem conversar com ele, um carinho enorme nasceu entre nós dois eu sentia, mas era chegada a hora de partir.

Eu percebi que estava pronta para pedir alta através das minhas terapias semanais com a minha Psicóloga Eliana Amorim, ainda não falei dela por aqui, meu Deus!

A Eliana existe antes disso tudo, a Eliana é presente na minha vida desde a época em que eu achava não ter dores emocionais nenhuma dentro de mim, desde que eu achava que era um ser livre de crenças, de medos, desde que eu achava que ser um ser humano ansioso era normal e eu tinha que me adaptar a isso.

A Eliana é arte da minha vida, ela é minha terapeuta eu sei, mas ela é família, ela é amorosidade, ela é escuta, ela é luz. A Eliana é a prova viva de que nunca é tarde para fazermos o que amamos, foi depois da maturidade que ela buscou a Psicologia e certamente encontrou a sua missão de vida também, pois a forma com que ela lida com seus pacientes, com cada história, mostra que nasceu para fazer o que faz hoje.

Pois bem, foi numa das terapias que ela me questionou algo no sentido: "O que você foi buscar no Flávio?", "Como é para você? Você acha que já encontrou o que foi procurar ou ainda falta algo?". Ali veio a resposta.

Nesse dia eu entendi que era hora de me dar alta. Eu fui buscar entender até onde era confusão mental, o que poderia ser um surto psicótico e o fazia parte desse mundo novo do qual hoje eu vivo, o mundo espiritual. Eu tinha ido buscar conhecimento a respeito da minha mediunidade, como lidar com ela e a clareza veio, eu não necessitava mais dos encontros transpessoais nesse momento da minha vida.

Decidi então avisar antes por mensagem que o nosso próximo encontro seria de encerramento e foi num clima de muita gratidão e de muito amor que tivemos a nossa "última" sessão.

Ali ele me orientou que eu poderia voltar a qualquer momento, que eu deveria seguir estudando, adquirindo conhecimento para poder viver bem com esse dom que Deus me deu, a mediunidade.

Parti com o compromisso de dar notícias minhas e do livro, assim tenho feito. Hoje somos amigos, conversamos vez ou outra e ele sempre muito disponível a colaborar com a minha jornada, me dá dicas de estudos, me envia materiais para que eu cada vez tenha mais conhecimento a respeito da Espiritualidade.

CAPÍTULO NOVE

ILUMINA Ó MINHA MÃE

Eu passei por momento muito difíceis quando comecei a aceitar a minha mediunidade.

Eu sempre soube que é um dom Divino e só temos a ser gratos e aprender a lidar com esse acesso que temos ao plano espiritual. Mas confesso não ter sido nada fácil, lutando diariamente com a minha saúde mental e emocional.

Por que eu estou falando isso aqui no meio do livro? Porque essa música foi essencial na minha aceitação, na minha luta para perder meus medos e para a libertação das minhas inconscientes negações.

Eu ouvia quase que diariamente e cantava com toda fé que existia em meu ser, pedia a Maria, mãe de Jesus que iluminasse o meu caminho e me mostrasse a liberdade de viver no seu amor.

Logo que comecei a escrever o livro eu não tinha dúvidas de que ela estaria por aqui, pois foi parte essencial para que eu acordasse dos meus distorcidos prazeres.

Conversei um dia por direct com a autora e cantora que lindamente nos apresenta essa canção e ela me autorizou publicar por aqui, espero que possam ter a oportunidade de procurar para ouvir e que toquem os seus corações assim como tocou o meu profundamente.

Ilumina minha mãe
Marie Gabriella
Ilumina, ó minha Mãe, esse medo por favor
Me mostra a liberdade de viver no seu amor
Me leva às profundezas das minhas emoções

Para eu ver com clareza inconscientes negações
Que me deixam dormindo em distorcido prazer
Seguindo distraído tão distante de você
Como voz eu quero ser, como a lua a clarear
Refletindo a luz do sol para a noite iluminar
Rumo ao oceano nas suas águas brincar
Sua beleza apreciando para a vida celebrar
Ilumina ó minha mãe esse medo por favor
Me mostra a liberdade de viver no seu amor
Me leva às profundezas das minhas emoções
Para eu ver com clareza inconscientes negações
Que me deixam dormindo em distorcido prazer
Seguindo distraído tão distante de você
Como Vós eu quero ser como a lua clarear
Refletindo a luz do sol para a noite iluminar
Rumo ao oceano na suas águas brincar
Só beleza apreciando para a vida celebrar
Ó Mãe, ó Mãe de Deus
Proteja os filhos seus
Ó Mãe, ó Mãe de Deus
Perdoe os filhos seus
Ó Mãe, Ó Mãe de Deus
Proteja os filhos seus
Ó Mãe, ó Mãe de Deus
Perdoe os filhos seus
Deixa a luz brilhar
A flor florescer, a vida revelar a verdade do meu ser
Deixar o sol nascer dentro do meu coração
O amor manifestar a mais pura gratidão
Deixa a luz brilhar
A flor florescer, a vida revelar a verdade do meu ser
Deixar o sol nascer dentro do meu coração

O amor manifestar a mais pura gratidão
Ó mãe, mãe natureza
Mostrai-nos vossa beleza
Ó mãe, mãe natureza
Lembrai-nos da nossa essência
Ó mãe, mãe natureza
Mostrai-nos vossa beleza
Ó mãe, mãe natureza
Lembrai-nos da nossa essência
Interceda junto ao Pai levando a minha oração
O pedido é a benção que me traz aceitação
A Vós quero servir, junto a Ti quero seguir
Aprendendo a dizer sim para tudo que há de vir
Interceda junto ao Pai levando a minha oração
O pedido é a benção que me traz aceitação
A Vós quero servir, junto a Ti quero seguir
Aprendendo a dizer sim para tudo que há de vir
Ó Mãe, Ó Mãe de Deus
Ó Mãe, Ó Mãe de Deus
Ó Mãe, Ó minha Mãe
Ó mãe, Ó minha Mãe[1]

Fonte: Musixmatch
Compositores: Marie Gabriella Padovan Catenne

---

[1]   Instagram: @mariegabriellaoficial Youtube: Marie Gabriella Oficial Spotify: Marie Gabriella

CAPÍTULO DEZ

CLAMANDO PELA CLAREZA QUE EU JÁ TINHA

Em agosto de 2021, já conseguia me movimentar na direção dessa caminhada que eu aceitei seguir, em paralelo eu vivia quase que diariamente diversos questionamentos com relação ao meu ego.

Eu vinha procurando entender se as minhas escolhas, as minhas decisões, o meu sentir, se tudo isso não era em algum momento, mesmo que inconsciente, o meu ego querendo "se aparecer".

Eu buscava perceber se ele não estava "se achando", se eu não estava sendo prepotente por acreditar que seria possível e real eu seguir meu caminho levando o amor e a luz divina, afinal quem era eu, uma mulher que até então vivia tratando uma ansiedade patológica, teve uma síndrome de Burnout horrível e de repente deu atenção a sua espiritualidade, vive transformações diárias e agora acreditou que pode sim seguir uma jornada vivendo do amor e do bem?

Que foi tudo o que sempre sonhou e agora se vê prestes a "sobreviver", viver, ganhar dinheiro e pagar suas contas praticando uma parte da sua missão de vida nessa encarnação. Eu queria ter claro que não estava criando coisas e a auto inquirição era frequente.

Certo dia no centro espírita foi levantado um questionamento para o grupo e eu refleti respondendo em silêncio para mim mesma algo que eu já havia conversado com Deus na semana anterior, em oração profunda quando eu estava pedindo clareza para o caminho a seguir.

Nessa conversa com Deus eu fui tomada por uma energia de amor tão grande, tão intensa, tão verdadeira, tão cheia de luz que inundou todo o meu ser. Eu sentia a presença de Deus naquele lugar de oração, uma vibração tamanha era acompanhada de lágrimas que brotavam da forte conexão criada.

A pergunta foi a seguinte:

— E se Deus olhasse para você agora e te dissesse *"venha comigo"*, o que você responderia?

Uma colega respondeu que "era ali que o bicho pegava", por saber que não é assim simples desapegar de tudo o que vivemos nessa vida, deixar para trás as pessoas que amamos, se libertar de todo o egoísmo que adquirimos ao longo da vida enquanto seres humanos e seguir Deus sem olhar para trás.

A minha resposta foi imediata e dentro de uma verdade absoluta. Tão cheia de clareza e sem máscaras, eu respondi em pensamento lá no centro espírita que sim, que eu iria naquele exato momento com Deus se ele me chamasse e eu não olharia para trás. Lembro que o meu pensamento foi: "Como não seguir com o Pai criador, fonte de tudo e de todos, Pai de bondade e Misericórdia que é só amor?"

No dia da oração eu nem sonhava falar isso para ele, nunca imaginei que o meu nível de entrega chegaria a esse ponto, eu não havia percebido o caminhar do meu desapego nos últimos tempos e o quanto o desejo e a sede por servir a Deus vinha se tornando algo tão intenso e grandioso dentro do meu ser.

Eu apenas falei o que a minha alma sentia e que o meu coração desejava intensamente.

O meu desejo por levar o amor e a luz de Deus adiante é tão intenso e verdadeiro que eu abriria mão de tudo o que eu tinha, dos bens materiais, do conforto, do modo que eu vivia, do convívio com as pessoas que tanto amo, para seguir fazendo o que fosse necessário para eu poder caminhar contando a minha história e a minha relação com a espiritualidade que, na verdade, é esse universo tão real quanto toda a matéria que aqui enxergamos. Falei a ele que eu me entregava por inteiro confiando que será feita a Sua vontade.

O que aconteceu após esse momento em que eu me senti

mais uma vez entregue a Deus ali, no centro espírita, quando reafirmei que eu seguiria com ele?

Comecei um difícil e doloroso debate entre o meu ego e o ser espiritual que sou.

Desejando seguir a minha caminhada dentro da reforma íntima que eu vinha vivendo, dentro da moral divina, eu comecei a me questionar até onde tudo o que eu sentia era verdade.

Passei a me perguntar: "Será mesmo que eu sou essa pessoa que prega a paz e o perdão na sua vida?

Será mesmo que eu sou tão paciente e tolerante quanto acredito ser?

Será mesmo verdade toda essa entrega que eu digo estar disposta a ter?

Será verdade esse desejo imenso de evolução enquanto ser humano?

Será que não estou dizendo ou sentindo tudo isso para alimentar um ego que se acha melhor que os outros?

Será que eu me perdoei por tudo o que fiz e perdoei tudo o que me foi feito? Ou estou achando que eu sou um espírito melhor do que os outros?

Chorei e sofri tanto nessa luta por entendimento do que estava acontecendo comigo, era um choro de desabafo, um choro de uma conversa que houve aqui dentro de mim, um choro de uma alma que precisava desabafar que estava com dificuldade de assumir sua verdadeira natureza, sua essência, quem se tornou.

Eu estava com medo do julgamento dos outros, preocupação em ser mal interpretada assumindo que eu sou uma pessoa e uma alma do bem.

Cheguei em casa do centro espírita nessa noite em prantos, voltei dirigindo chorando compulsivamente agoniada com tantas reflexões e senti vontade de desabafar. Eu não queria mais ser julgada por quem eu simplesmente sou, pela minha mais profunda essência.

Detalhe que nesse momento era um auto julgamento. Eu estava me julgando por ser quem eu sou e seguir o caminho que eu mesma escolhi, de viver na verdade, de viver na fé, de viver levando a luz e o amor de Deus, levando a minha história de vida, levando o que o meu despertar espiritual me trouxe.

A Roberta abriu a porta de casa assustada com o estado desesperador que eu estava, mas naquele momento eu não conseguia falar nada pois o choro era incessante. Assim que fui me acalmando, eu fui dividindo com ela tudo o que eu estava sentindo, e ao falar foram vindo clarezas, fui entendendo e expressando a dificuldade que eu estava de aceitar a minha mais profunda natureza.

O COMEÇO DA ACEITAÇÃO

Iniciei setembro procurando colocar as minhas palavras para andar. Já havia refeito toda a página da internet e iniciado com o blog, conseguia postar uma coisa ou outra vinda do coração nas redes sociais, dentro do que realmente fazia sentido para mim.

Havia conseguido terminar um e-book sobre um pouco do que vivi e aprendi com o medo, o que foi uma grande conquista para mim, pois depois de ter sua vida paralisada por meses, conseguir voltar a pensar, ter raciocínio, conseguindo expressar o que sente, compartilhar um momento tão intenso da minha vida com relação ao medo, era uma grande vitória. E o mais valioso para mim era saber que ele poderia em seguida ser acessado de forma gratuita e, com a graça de Deus, chegar até as pessoas que precisavam daquele conteúdo.

Era 7 de setembro, quando a trilha que havíamos planejado fazer foi cancelada devido à chuva. Ficamos em casa assistindo um filme e, no final, senti o sino tocar dentro da minha cabeça, era o Mentor me pedindo para ter atenção com algo. Fazia alguns dias que eu não sentia conexão direta com ele. *Me guiando eu sei que ele sempre está.*

Procurei ver se era algo a respeito da notícia que havia acabado de receber de uma amiga, que sua mãe estava em estado grave no hospital, mas percebi que não era. Fomos ao mercado e no caminho, dentro do carro, eu senti novamente. Naquele momento, vi que precisava ficar no meu cantinho e me conectar com o silêncio, me conectar comigo a fim de buscar sentir inteiramente o que eu precisava sentir.

Chegando em casa, avisei que iria para a salinha. Isso queria dizer que eu precisava ficar sozinha. Queria dizer também: *cuide por favor da Cookie para ela não ficar sentada na porta miando o tempo inteiro pedindo para entrar.*

A posição mais confortável para mim é sentada em posição de lótus, postura ereta, como se eu estivesse sendo puxada por um fio na cabeça e outro pelo cóccix em direção a Terra.

Sentei-me e comecei a ouvir minha respiração em busca de alguma calma, com a intenção de vir para o momento presente. Fui sentindo o meu corpo, o ar entrando e saindo de mim.

Assim fiquei por alguns bons minutos. Em seguida, comecei a inspirar trazendo algo que eu queria para a minha vida naquele momento e, ao fazê-lo, mandava embora algo contrário ao que eu queria. Inspirava coragem, expirava o medo. Inspirava tranquilidade, expirava com toda força a ansiedade. A intenção é de tirar de dentro de nós tudo aquilo que não nos serve e que não queremos em nossas vidas.

Muitas eram as inspirações que eu trazia para minha vida e muito era também o que eu jogava para fora do meu corpo. Algo que me chamou a atenção foi que boa parte do que eu trazia para dentro do meu ser, eu eliminava o medo.

Era muito medo que ainda estava presente no lugar do que eu desejava viver. E ali, vivenciando essa prática, o medo foi enviado para fora de mim com muita intensidade.

Comecei a conversar com Deus, falando a verdade sobre o que

havia acontecido nos últimos minutos. Trouxe o que eu havia sentido quanto ao sinal que o meu mentor havia me dado e eu não tinha compreendido o que ele queria dizer e, que se fosse da vontade Dele, que eu pudesse interpretar corretamente, que eu tivesse um bom entendimento sobre o que a espiritualidade estava me tentando me dizer. Clamei também com a mais profunda fé, por clareza e direção.

Numa conexão intensa com o divino pedi que viesse até mim o que eu deveria fazer primeiro, no que eu deveria dar atenção. Que me trouxesse luz para continuar a escrever o livro, que até aquele momento eu havia escrito apenas o título de alguns capítulos.

O pedido era tão intenso que me faltava o ar, envolvido num choro tão profundo vindo da emoção daquela conexão, daquela energia de fé e amor.

Eu fui me acalmando e silenciando. Aos poucos começaram a vir frases, instruções, vinham como uma voz que falava dentro de mim, era como a voz de um pensamento.

A voz me dizia: "Você já tem toda a clareza, você já recebeu todas as instruções que precisava, você é inteligente e capaz de pegar todas as instruções recebidas e agir na direção do que é para ser feito, escrever esse livro."

De fato, o meu Mentor já havia se comunicado através da Clara e me dado todas as orientações que eu deveria seguir. Eu precisava era assumir novas atitudes diante da vida e de tudo o que estava por vir. Eu precisava encarar o desafio de enfim me tornar uma pessoa com novas atitudes diante das situações que estavam por vir, aí sim as coisas começariam a se movimentar e acontecer.

Tendo essa percepção, comecei a rir de mim mesma, pois tudo era tão óbvio, tudo já tinha sido mais que "desenhado" para mim e eu querendo mais clareza. Quais foram as instruções que eu recebi da espiritualidade e que eu só precisava seguir?

A espiritualidade, o meu Mentor, me trouxe essa mensagem

lá em março de 2021 através de uma incorporação, em um momento em que eu vivenciei o maior buraco de angústia possível em um ser humano. Era assim que eu me sentia.

Naquela época, o meu peito era pressionado fisicamente por uma dor intensa e foi quando eu me senti mais perdida em toda a minha vida. Eu só sentia forte no meu coração o desejo de trabalhar com o amor, que eu pudesse fazer o bem trabalhando.

Isso estava atormentando minha cabeça já fazia semanas. Consumindo meu corpo, mente e espírito, eu não conseguia entender como fazer para "viver de amor", parecia algo impossível, era uma luta interna para me encaixar em algum formato de trabalho.

As mensagens foram bem objetivas, diretas e inquestionáveis. Faladas pausadamente entre uma frase e outra:

— Você é amor e luz.

— Acredite!

— Não tenha medo!

— Ouça a voz do seu coração.

— Siga a sua intuição.

— Dê atenção a sua espiritualidade

— Apenas sinta. Permita-se aprender a sentir e seguir.

— Não se preocupe com dinheiro.

— Comece a escrever a sua história, ela ajudará muitas pessoas a não perderem as suas vidas.

— Você vai ajudar a curar muitas pessoas.

Deus me mostrou nessa oração que eu já tinha exatamente tudo para começar a escrever esse livro e assumir a escritora que eu me tornaria, que eu inconsciente não aceitava, fugia e não acreditava.

Eu já tinha tudo para começar a escrever: a história, o tempo disponível, total capacidade e tudo ficou claro para mim nessa oração.

Ouvi também que eu precisava fazer melhores interpretações a respeito das informações que eu recebia, que nem tudo na espiritualidade tem o mesmo significado que trazemos para a vida material. Que o fato de eu saber que iria contar a minha história nesse livro, não queria dizer o que eu estava interpretando, pois na minha mente eu teria que escrever na ordem dos acontecimentos, quando ali entendi que eu deveria sentir o capítulo que seria melhor a cada momento de acordo com a minha inspiração e intuição. E que na hora certa eu iria os colocar na ordem para a publicação.

Pode parecer algo óbvio, mas precisou a espiritualidade vir me trazer essa informação, afinal, eu nunca havia pensado em ser escritora e estou aprendendo na prática com toda a orientação dos nossos irmãos de luz.

Entendi que eu precisava aprender a desconstruir as formas que eu fazia as coisas e a criar o meu modo de construir a minha caminhada.

Essa conexão com o divino me trouxe ainda outra clareza, da qual eu já estava certa, na verdade, mas a parte material da vida, a parte prática de pagar contas, me fez rever se era isso mesmo ou era algum medo dentro de mim que me impedia de agir.

Eu estava num momento em que tudo o que fosse para eu lançar como trabalho, como um e-book, um curso, um jornada de autoconhecimento, eu sentia que teria que ser gratuito, mesmo sabendo da minha necessidade por dinheiro, afinal, em 3 meses, todo o meu dinheiro acabaria. Eu sentia isso. Então, conversei com Deus expressando que eu não sentia medo, que nunca tive receio de cobrar pelo meu trabalho, que se fosse algo relacionado a isso que eu pudesse me libertar e dar um valor a essas entregas.

A emoção tomou conta de mim, pois eu passei a ouvir uma voz que repetia:

— *Agir desinteressadamente, agir desinteressadamente, agir desinteressadamente.*

Eu sinto um desejo imenso de que as pessoas possam ter

acesso livre rumo a valiosa busca interior que é o autoconhecimento — e sei que o agir desinteressadamente é um caminho natural para a prosperidade.

Este dia me mostrou que eu preciso estar cada vez mais conectada com o meu interior, que preciso dos meus momentos de meditação, que se quero ouvir a voz do meu coração e seguir essa caminhada espiritual, é importante eu estar atenta aos sinais que o meu corpo me mostra e aos meus mentores. Que preciso estar atenta à voz do meu coração, à minha intuição, tendo a certeza de que as respostas para tudo estão dentro de mim mesma.

Estou cada vez mais consciente de que na meditação, na oração, no silêncio, encontramos a saída para todas as nossas inquietações. Sinto que preciso cada vez mais me conectar profundamente comigo, com a luz Divina que habita em mim para seguir a minha Jornada que já estava clara e começar a agir com maior intensidade, pondo em prática na matéria o caminhar desse livro pois tudo é em prol de bem maior, levar a palavra do amor incondicional do Criador por todos nós.

CAPÍTULO ONZE

A CAMINHADA RUMO A UM GRANDE ENCON-TRO

Nos últimos dois, três meses que antecediam este dia eu vinha percebendo uma mudança no meu sono e nos meus sonhos. Os sonhos pareciam cada vez mais reais, eram na verdade um deslocamento meu até certo lugar onde eu me encontrava com as pessoas e os fatos aconteciam. Notei também que as minhas noites de sono começaram a ficar mais longas e eu cada vez mais sem pressa para acordar, deixando o meu corpo e a minha alma repousarem o necessário até acordar. A minha cabeça já não vinha mais preocupada com o que iria acontecer comigo, com o meu futuro, a essa altura eu já tinha mais consciência de isso já não estava mais sobre meu controle, na verdade nunca esteve, era uma ilusão eu achar qualquer coisa nesse sentido.

Eu estava indo dormir todos os dias lá pela meia-noite e acordando umas 8, 9 horas depois. Na terça-feira, dia 28/09/21, eu acordei às 6 horas da manhã totalmente desperta, como há muito tempo não acontecia. Era como se eu tivesse dormindo 10 horas e acordado totalmente ativa para a vida. Estranhamente o que aconteceu? Decidi caminhar, ainda que minha cabeça gritasse: *como assim caminhar?*

Eu nunca fui caminhar de manhã. Tentei m enganar fazendo mais um aconchego na coberta quentinha e logo me veio um pensamento: Bem, se eu estou acordada, sem sono e com vontade de caminhar, por que não ir? Naquele momento segui o meu coração e o que eu estava sentindo. Hoje relendo todos os capítulos consigo perceber que era um sopro me intuindo para o que eu deveria fazer naquela manhã, pois grandes acontecimentos estavam por vir.

Mesmo antes de eu ir ao banheiro, já abri o armário trocando o pijama por uma roupa de caminhada. O dia estava bem bonito e pedia uma bermuda e camiseta para pegar um sol logo pela manhã.

Fiz meu suco, peguei uma mochilinha de trilha pois lembrei que poderia aproveitar para passar no posto de saúde da Trindade e pegar esparadrapo para a minha amiga que fazia curativos diariamente na sua mama, ou seja, as pretensões de quilometragem já estavam maiores do que a habitual, já estava quase dobrando a distância que eu costumava percorrer normalmente quando caminhava no final de tarde.

Lá fui eu. O ar da manhã delicioso, sem frio e um solzinho gostoso pois não era nem 7 horas da manhã ainda.

Eu fui rezando enquanto caminhava. Eu precisava muito conversar com Deus, pois tinha algo que eu estava sentindo no meu peito já há alguns dias e que eu não conseguia entender ou resolver. Sentia que precisava saber o que aquilo significava.

O que eu sentia chegava a ser físico, uma pressão no peito e outras sensações que me diziam para eu olhar para algo, mas nem de longe eu estava conseguindo compreender o que queriam me dizer esses sinais, por isso a necessidade de conversar com Deus, só ele poderia me ajudar.

Ao longo dos dias eu vinha buscando silenciar para perceber se respostas vinham, mas ainda nada. Meditava, me autoanalisava e buscava desfazer a sensação, mas ela continuava lá. Vezes mais forte, vezes mais fraca, raramente ausente.

Fui rezando para que se fosse para eu ter entendimento, clareza, que fosse feita a vontade de Deus. Nesse momento eu já estava totalmente entregue e confiava no que Deus vem preparando para a minha jornada.

Chegando no posto de saúde me pediram para que eu entrasse e aguardasse no setor de curativos, lá no fundo do corredor.

Normalmente não deixavam que a gente entrasse, devido ao risco de contaminação pelo Covid, mas entrei e me sentei para aguardar.

Ao pé desse momento eu já vida me desintoxicando e tentando não ser mais refém das redes sociais, mas ainda me preocupava em postar uma coisa ou outra, mas apenas conteúdos que fizessem total sentido com o que eu vivo e acredito e não como já chegou a ser, por obrigação.

Enquanto eu aguardava escrevia um texto para publicar mais tarde. Nesse meio tempo a funcionária me chamou para pegar os materiais para a minha amiga e segui rumo a continuar a minha caminhada.

Ao atravessar toda uma longa avenida, a da Beira Mar eu senti novamente algo no meu coração, dessa vez ainda mais forte e intenso de uma maneira a meu causar preocupação. Eu senti que algo aconteceu a partir do momento que sai do posto de saúde.

Aquela dor física se intensificou, o meu coração parecia querer me dizer algo. Não era nada parecia com taquicardia ou ansiedade, era um sinal de que algo precisava ser visto, olhado, ouvido, sentido. Eu não sabia dizer o que significava aquela sensação, mas hoje eu sei que ela queria me dizer: "Você precisa olhar pra isso!"

Dando meus passos eu procurava observar e revisar os fatos que aconteceram lá dentro do posto para saber o que poderia ter me causado tanto aperto no peito, buscava compreender se havia sido algo dali que havia ficado em mim.

Não havia nada de diferente que pudesse claramente ter alterado o meu estado daquela forma. Analisei quanto a energia da enfermeira que me atendeu, como ela estava e senti que não era dela. Procurei resgatar se eu havia pensado em algo que me levasse a alterar o meu estado e nada! Eu só tinha a certeza, hoje sei que era uma forte intuição, o meu coração queria me dizer que algo estava acontecendo ou iria acontecer.

Como mais uma tentativa nessa auto-inquirição, pensei que pudesse ter sido o fato de eu ter mexido nas redes sociais, ali tentando escrever um texto para postar no Instagram. Me ocorreu que isso pudesse ter me gerado ansiedade e meu estado teria sido alterado, mas olhando para dentro, senti que não era, pois eu estava escrevendo algo genuíno e era muito tranquilo para mim falar sobre o tema que eu iria postar. Eu já vinha bem mais relaxada, tentando me libertar da "necessidade" de postagem. Vinha reprogramando minha mente para não "ter" que fazer nada que não fosse a respeito do meu "sentir", então, não se tratava de nada relacionado a isso.

Segui pedindo a Deus que se fosse da sua vontade que me trouxesse clareza para compreender o que era aquilo que a partir daquele momento havia se tornado algo tão mais forte dentro do meu coração e que por mais que eu tentasse deixar acontecer de forma natural, eu sentia que precisava entender o que trazia aquela sensação que se arrastava por dias e só ganhava proporção.

Decidi fazer toda a volta, fui pelo mangue, passando pelo cemitério, até retornar ao apartamento onde eu morava no Itacorubi. Isso dava em torno de 1h20 e a oração me fez companhia por praticamente todo restante da caminhada depois da minha saída do postinho. Mentalmente eu clamava por clareza.

Vez ou outra, vinha à minha mente alguma possibilidade do que representava aquele sinal físico que o meu coração estava me dando e cheguei a pensar que poderia ser a energia das pessoas que me causava aquela estranheza. Pensei também que muitos irmãos sofredores desencarnados poderiam estar ali pelo centro de saúde por terem partido sem ao menos saber o que estava acontecendo devido ao Covid, sem se despedirem das suas famílias...

Pensei que eu poderia ter pegado a energia de algum deles e, por esse motivo, ter seguido com a sensação intensificada. Era uma possibilidade. Então, rezei para que todo o amor e a luz de Deus tocassem esses irmãos que estariam precisando de acolhimento, de ajuda. Para que seguissem a caminho da luz.

Todo meu percurso foi procurando desfazer de mim aquele aperto no peito, não era por mim, não era para eu "me livrar" daquilo e sim para que o que precisava ser compreendido, fosse compreendido, essa era a intuição.

Chegando em casa fomos tomar café da manhã e foi vindo a mensagem de que eu precisava ficar só para meditar, para silenciar.

Uma voz me dizia que eu precisava ficar só no meu quarto para "conversar". Minha consciência questionou o que eu havia acabado de pensar/ ouvir: "Eu falei conversar?"

Sim, eu senti que aconteceria uma conversa e sem questionar, pois, era algo muito forte dentro de mim, fui me organizando, mesmo sem entender o que estava acontecendo e muito menos o que aconteceria, comecei ame movimentar para o que estaria por vir.

Desde que "ajeitamos" uma salinha para mim, um espaço para eu meditar, orar, ler, escrever, estudar, eu não tinha mais sentido a necessidade de ficar em outro lugar que não fosse ali, mas eu senti que essa "conversa" seria melhor se fosse no nosso quarto, nem questionei, pois esse sentir foi muito maior do que qualquer autoquestionamento a respeito de como eu iria agir.

Avisei Roberta que eu iria meditar, isso não era nem 10 horas da manhã ainda, mas estava consciente de que iria sair antes do meio-dia, pois tinha horário com a minha terapeuta e, como vinha fazendo quinzenalmente as sessões, sabia que não iria perder.

Entrando no quarto, senti que queria me sentar no chão ao lado da cama, na postura que é mais confortável para mim, a de lótus. Comecei a me conectar com o silêncio para que pudesse vir o que era para ser feito ou não.

TEMPO PARA EU ASSIMILAR

Depois de tudo o que aconteceu nesse dia, levei um bom tempo para tentar escrever qualquer página para este livro.

Eu precisava assimilar, administrar toda mudança que diariamente se apresentava à mim. Retomei dois meses depois por sentir que era hora de começar a pôr as palavras para andar.

Segui tentando aprender a lidar com o novo ser que nasceu naquele encontro, o que tem sido um desafio diário, pois continuei nesta vida material e turbulenta com um outro nível de consciência e forma de viver a vida.

Deus e o espiritualidade sabem o momento certo para tudo. No tempo e local ideal, este livro seria escrito e publicado. E não quando a minha mente, meu relógio, meu calendário acreditassem acontecer. O tempo certo é o tempo de Deus, o restante é um desejo do nosso ego.

Esse livro será a forma que a espiritualidade me orientou para que eu compreenda o que vim fazer aqui, levar o amor e a luz divina através da escrita, levar a capacidade que todos nós, seres humanos mortais, temos de elevar nossa consciência e evoluirmos diariamente em busca de uma vida plena e leve.

CAPÍTULO DOZE

A ILUMINAÇÃO

Coincidência, na verdade eu não acredito em coincidências, mas a última e na verdade única conversa que eu havia tido naquele quarto, tratando-se de nível espiritual tinha sido a do encontro que tive com a minha mãe. Então percebi que o fato de eu sentir que era para ser no nosso quarto e num ato falho eu falei que iria ali conversar, fazia alguma relação com aquele primeiro encontro espiritual, eu senti que algo similar iria acontecer.

Eram 10 horas da manhã e eu tinha terapia ao meio-dia, seria tempo o suficiente para eu meditar, orar e ir para a minha terapia on-line com a Eliana, minha terapeuta há mais de 3 anos. Com a pandemia, passamos a fazer nossas sessões on-line, mas por um longo tempo foi presencial.

Avisei a Roberta que eu iria meditar, quando isso acontecia era para que procurasse não me interromper.

Eu me desloco com muita facilidade hoje em dia quando busco me conectar com o silêncio ou mesmo numa boa meditação guiada.

A maioria das pessoas que me conhecem, até mesmo meus amigos mais próximos, não tiveram muito contato com essa minha versão.

Começou a pandemia em março de 2020 e 4 meses depois eu adoeci, acabei saindo do varejo, comecei um novo ritmo de vida procurando pela primeira vez cuidar integralmente de mim, adquirindo novos hábitos.

O mergulho profundo que dei para me autodescobrir me levou para dentro de alguém que eu desconhecia e que jurava por tudo conhecer.

Dessa forma, comecei a selecionar mais o que fazer do lado externo, os programas a serem escolhidos, onde ir, com quem ir, o que ouvir, assistir. Na vida corrida e insana que tantos levam, que eu também já vivi, acaba não sobrando tempo para viver o presente com as pessoas, com os amigos, com a família que tanto amamos. Por que eu estou contanto essa pequena história?

Eu era uma pessoa muito ansiosa, agitada, inquieta e hoje dizer que me conecto com facilidade, para quem está há um tempo sem notícias minhas, deve pensar:

É a mesma pessoa que eu conheço que está escrevendo esse livro?

Pois bem, lá fui eu. Me sentei num tapetinho que ficava no meu lado da cama em posição de lótus, busquei silenciar, me concentrando na respiração, fui acalmando, aquietando, silenciando. Senti que queria orar.

Comecei a conversar com Deus, agradecendo por tudo o que eu vinha vivendo, por eu receber tantas clarezas que me orientam nessa minha jornada e bati mais um "papo-reto" com Ele. Converso com transparência, pois Ele tudo sabe e tudo vê.

A posição que mais me conecto e me entrego na minha oração direta a Deus é sentada sobre os meus calcanhares, me curvando com o tronco para baixo, colocando as minhas mãos em *angeli mudra*, em frente ao coração e, em seguida, encostando na fronte, levando a minha cabeça até o chão.

Começamos nossa conversa — *digo nossa, porque eu sei que ele me escuta e sempre me mostra o caminho a seguir.*

"Meu Deus, pai amado e misericordioso, se for para eu entender o que é esse aperto no meu peito, se for para eu compreender o que isso quer dizer, se for da sua vontade, que eu saiba.

Eu venho sentindo isso por uns dias, hoje acordei cedo para caminhar e isso está dentro de mim. Se for para eu ouvir meu mentor espiritual, eu estou aqui. Eu estou disposta e aberta a aprender a lidar com nossos irmãos de luz do mundo espiritual, criar um meio de comunicação saudável".

O QUE ESTAVA ENTENDIDO ATÉ ENTÃO

Eu já havia entendido que eu não poderia me preocupar com dinheiro, já havia recebido essa mensagem lá em março. Custei a me entregar a isso, pois sempre trabalhei para ter meu sustento depois que saí de casa aos 21 anos para morar *na capital* — como dizia a minha mãezinha.

Eu nunca precisei pedir dinheiro para nada e eu estava vendo minhas economias acabando, todo dinheiro da minha saída das lojas Kanto A já havia acabado, precisei mexer nos 21 mil reais que eu tinha guardado numa aplicação para alguma urgência, os 10 mil reais que eu tinha numa aplicação da Caixa usei após acabar o dinheiro da saída da empresa.

Eu entendi claramente o que meu mentor havia me instruído em março, que não era para eu me preocupar com dinheiro e seguir vivendo estudando, me autodescobrindo, me libertando de tudo o que me adoecia físico, emocional e espiritualmente. Entendi e vinha aproveitando todos os momentos que Deus vinha me proporcionando como um imenso aprendizado na minha caminhada.

Não me preocupei com dinheiro e estudava diariamente sobre tudo o que eu vinha vivenciando intensamente sobre a minha relação com a espiritualidade.

Pegando a onda de que eu não poderia me preocupar com dinheiro, fui seguindo o meu coração, comecei uma Especialização, uma Pós Graduação em Psicologia Transpessoal, escolhi esse curso para me ajudar a me compreender.

O dinheiro começou a acabar, o que daria para 1 ano, foi para 8 meses, 6 meses e no dia em que eu estava batendo esse papo com Deus eu tinha dinheiro para menos de 2 meses.

Então continuei minha oração:

"Meu Deus, Pai! Eu já entendi tudo isso, já entendi que não é para eu me preocupar com dinheiro, que eu precisava me entregar e confiar nessa caminhada. Eu entendi e segui totalmente suas palavras, determinada a aprender a viver da maneira que o meu mentor me orientou. Ele me disse como eu deveria agir para que eu conseguisse viver fazendo o bem, ajudando as pessoas, levando

o amor, falando da luz e do amor de Deus, de Jesus. Eu fiz, mas o dinheiro está acabando."

PRIMEIRAS ORIENTAÇÕES DO MEU MENTOR

"Pai, ele me orientou para que eu não tenha medo, que eu ouça a voz do meu coração, que eu siga a minha intuição, que eu aprenda a Sentir, que eu dê atenção para a minha espiritualidade e que eu iria escrever um livro, que esse livro iria ajudar muitas pessoas.

Foi difícil Pai, eu neguei muito até compreender e aceitar que esse livro faz parte da minha missão nessa encarnação, mas eu vim entendendo que esse livro vai ajudar muitas pessoas para que não percam as suas vidas, que vai ajudar nos seus processos de cura interior e exterior."

Hoje sei que esse livro ajudará com que as pessoas criem uma identificação com a minha história, as pessoas verão que não estão sozinhas nas suas histórias "malucas", que não estão ficando loucas, que precisam procurar ajuda de quem entende do assunto, de espiritualidade, de mediunidade, de psicologia transpessoal, de psiquiatria, de profissionais qualificados que possuem um olhar de que a vida é muito além do corpo e da mente.

Este livro irá ajudar com que nossos irmãos possam ressignificar seus conceitos sobre a espiritualidade, despertar interesse por outros conhecimentos, a ter outro olhar sobre certas doenças que se fazem presente em nossas vidas, como a esquizofrenia fez parte da minha vida se fazendo presente na história da minha mãe e que apesar de que aqui na vida material vemos como um grande fardo, fomos nós mesmos que escolhemos passar por isso antes de virmos para cá nessa encarnação, como ferramenta de evolução.

As doenças também são presentes de Deus que se fazem presente para o nosso desenvolvimento, com a intenção de que possamos transformar a nossa maior dor em amor, como aconteceu comigo.

"Mas Pai Amado! Eu sou um ser humano que vive aqui na matéria, que tenho conta para pagar, que pago aluguel, preciso de dinheiro para viver e esse dinheiro está acabando. Eu sei que não é para eu me preocupar, mas ele está acabando, o que eu faço?"

Ah, ia esquecendo de falar de um detalhe bem importante que me ajudou muito a lidar com o meu orgulho — aquele que eu não imaginava ser tão grande.

Assim que o meu dinheiro acessível acabou eu fui pegar um dinheiro de uma aplicação, os 21 mil, não tinha jeito, iria precisar usar e não era para eu me preocupar com dinheiro, então como eu estava precisando, não hesitei. O que eu não esperava era que ele não poderia ser mexido pelos próximos 5 anos e que eu não tinha de onde tirar para pagar as contas do mês.

Pensem num sofrimento eu ter que admitir que teria que pedir emprestado para a Roberta. Eu não sabia o quanto o orgulho bombava dentro de mim e que assumir que eu iria precisar de ajuda de alguém, mesmo sendo a minha companheira naquele momento, era terrível.

Eu sabia que ela tinha o dinheiro e que não iria me negar, seria apenas uma troca. Aquela aplicação ficaria toda para ela, em contrapartida, eu movimentaria o dinheiro, simples assim. Mas não foi nada simples. Eu chorei muito até conseguir falar para ela o que estava acontecendo e, quando expliquei o porquê daquele transtorno todo, ela me perguntou:

— Todo esse sofrimento é por isso?

Revelei que sim, que estava sendo muito difícil viver aquele momento. Ela prontamente respondeu:

— Está tudo bem. Dinheiro não é o problema, é a solução. Fique tranquila que hoje mesmo você já estará com esse dinheiro e está tudo certo.

Assim, segui por mais um tempo não me preocupando com dinheiro.

Eu dizia para Deus que não gostaria de ter que pedir novamente para ela, afinal, se não estava entrando renda de lugar algum, como eu poderia falar novamente em dinheiro? Diferentemente da outra vez, que eu tinha lá na aplicação e fizemos apenas uma troca. A situação já não era a mesma.

MUDANÇAS NA MINHA FÉ

Desde que comecei a meditar ao longo do ano de 2021, a minha forma de rezar mudou muito.

Eu sempre tive fé, acreditava no Deus que eu conversava, mas isso passou a ser tão intenso, uma conexão tão direta com Deus, com o criador, que era impossível não perceber a mudança.

Comecei a sentir energias dentro de mim e ao redor quando converso com ele que mudam toda a vibração do lugar onde estou. É como se tudo mudasse no ambiente, um fluído brota e sou tomada por uma força maior que me leva para outro lugar.

SENSAÇÕES E VISÕES

Após toda essa oração, voltei para a minha posição de yoga e silenciei. Nesses momentos, costumam vir informações — não digo respostas, já que, na maioria das vezes, eu não peço nada. Mas as informações, as mensagens, as "vozes", as visões, elas aparecem.

DESLOCAMENTO

Durante a oração, no meu "papo-reto" com Deus eu comecei a sentir o meu corpo a adormecer, principalmente as extremidades.

Dentro da minha janela mental começaram a surgir cores que se movimentavam em aspirais criando uma espécie de dança sutil. As movimentações dessas cores ganham força e passam a ser tudo o que enxergo nesse local onde eu estou.

Saio dali e se abre uma nova janela. Sabe quando num desenho animado aparece uma nuvem de pensamento e dentro dela surge a imagem do que o personagem está imaginando?

Pois bem, apareceu a imagem nessa nuvem, era de um muro de ferro muito antigo, lindíssimo! Esse muro era na parte da frente de um casarão antigo que dava a entender ser na Europa, mais precisamente em Paris.

Essa mesma imagem eu já havia visto outras vezes em outras meditações e em sonhos também. Após essa imagem surgir aparece escrito numa tela seguinte - 1823, era essa data escrita em número grande com a letra meio que de lado, numa letra desenhada como se fosse através de uma caneta tinteiro, uma letra linda.

Ainda é muito comum nas minhas meditações surgir a minha mente querendo entender o que significa tal coisa que eu estou vendo, ouvindo, por mais que você esteja bem entregue, diluir a sua mente é uma árdua tarefa, nada fácil.

Lá veio um questionamento: o que será que quer dizer essa data? Será que tem a ver com o ano em que Allan Kardec escreveu as suas obras? Não, acho que não, eu me lembro de ser algo em torno de 1859, então não é. Essa data é anterior.

Voltei para a "nuvem" e apareceu uma assinatura, não era muito claro o nome completo e o sobrenome, mas eu via a letra cursiva que também era desenhada por caneta tinteiro um pouco inclinada para o lado direito.

Logo que saí do quarto, anotei em um bloco de notas o que dava a entender ser o nome e o sobrenome de uma mulher do ano de 1823. Eu não sabia se serviria para algo, mas a minha mente me pediu para anotar. Certamente queria se certificar mais tarde de alguma coisa.

QUANDO OS SINAIS CHEGARAM

Comecei a ficar cada vez mais adormecida e senti de conversar com o meu mentor espiritual, esse que até então eu só me comunicava através de sinais.

Esses sinais começaram meses atrás quando eu comecei a perceber um zunido muito forte no meu ouvido direito, era algo que eu sentia fisicamente bem lá dentro do meu canal de audição.

Cada vez que ele queria me dizer algo, o zunido era tão forte que a sensação eu costumava descrever como algo similar a ter uma agulha de crochê inteira dentro do meu ouvido direito e quando encostava num determinado ponto lá dentro a sensibilidade era tanta que eu chegava a pular em qualquer lugar que eu estivesse, seja dirigindo, no ônibus ou quando eu estava conversando com alguém. Quando tocava lá dentro parecia que acessava um sino e ele era altíssimo, chegava a doer.

Isso foi se tornando cada dia mais desconfortável. Levei esse assunto para o meu grupo de estudo mediúnico e não foi feita nenhuma relação na época com algo espiritual, as pessoas com quem eu compartilhei não tinham conhecimento de nada simular e não sabiam se fazia sentido a alguma espécie de comunicação com o mundo espiritual.

Levei para o Flávio, meu psicólogo transpessoal que eu havia iniciado tratamento, pois a cada dia se tornava mais intenso e frequente, me deixando em diversas situações preocupada, pois eu estava conversando com alguém e de repente eu dava um pulo na cadeira e colocava as mãos nos ouvidos, agoniada com o que causava quando "encostava" lá dentro.

O Flávio me trouxe a possibilidade de ser o meu mentor espiritual querendo criar um meio de comunicação comigo. Me orientou que eu ficasse atenta quando isso acontecia, para ver se tinha algo que eu pudesse prestar atenção ao meu redor, algo que eu poderia perceber, alguma informação que eu teria que ter um cuidado maior, pois poderia ser ele querendo me alertar sobre algo ao meu redor.

Pediu também que eu conversasse com ele, com o meu mentor, que eu explicasse a ele que eu estava compreendendo que ele queria comunicar algo, que eu estava disposta a essa comunicação, claro, mas que para isso precisaríamos encontrar ajustarmos uma maneira de comunicação, que eu conseguisse lidar sem sofrer, pois estava me causando muito desconforto e dor.

Comecei então a conversar com ele, com o meu mentor, buscando estreitar de forma saudável esses sinais, mas pensei: "Bem, creio que seja bom eu consultar um médico para avaliar isso que estou sentindo, pois é algo muito forte e dói profundamente lá no centro da minha cabeça. Vai que é algo que precisa ser medicado, tratado."

Foi então que eu marquei uma consulta no posto de saúde perto da minha casa, que por sinal o atendimento no posto de saúde do Itacorubi era, é, melhor do que muita consulta particular que eu já fui, melhor do que muitos planos de saúde que eu já tive.

O atendimento foi bem em seguida ao dia em que agendei, cheguei lá e relatei o que havia me levado a procurar um médico.

Um jovem médico muito atencioso me ouvia enquanto olhava nos meus olhos, raridade hoje em dia, ouvia com atenção plena ao que eu relatava. Pediu licença para examinar, fez um exame demorado, investigou muito com seus aparelhos e me disse que não tinha nada no meu ouvido, que estava tudo em perfeita condições. Eu falei: "Mas eu sinto dores, muitas dores e está cada dia pior." Usei a explicação da agulha de crochê para que ele entendesse o que eu sentia, voltou então a examinar e perguntou se eu me importava de aguardar ali um pouco mais pois iria conversar com um colega de trabalho.

Lá vem outro médico, depois de ouvir o relato dele, me examinou com tempo e detalhadamente, me disse que eu não tinha nada, que meus canais estavam em perfeito estado.

Foi então que eu perguntei para o meu médico, após o outro sair, se não iriam solicitar nenhum exame, pois eu estava relatando uma dor intensa. Ele me disse que não, que não poderia solicitar exames sem que aparecesse algo no pré-diagnóstico. Aquilo me gerou uma certa indignação e segui o questionando:

— Tá! No meu caso, eu já tenho ideia do que seja, mas e se o paciente está com uma doença grave, um tumor, algo que possa ser tratado a tempo de se tornar algo mais sério... Ele volta para a casa? Não é levado em consideração o que ele sente? Só ele sabe o que ele está sentindo.

Ele me respondeu que era assim que funcionava. Busquei entender o sistema e voltar para o meu caso.

Antes de eu sair, curioso ele perguntou o que vinha acontecendo que eu achava que poderia ser, então senti em meu coração que eu poderia falar a ele a verdade, de forma breve e objetiva eu falei que acreditava ser meu mentor espiritual buscando se comunicar comigo, que poderia ser a minha glândula pineal que estava sendo ativada de forma intensa nos últimos meses e estava "bombando" dentro do meu organismo ou algo similar.

Ele muito amorosamente me disse que eu poderia ficar confortável em trazer tudo isso, ele já havia estudado todas as obras de Allan Kardec e sabia do que eu estava falando, apontou para cima de um armário de metal com portinhas e cadeados e lá estava uma imagem de Buda, disse que agora vinha estudando o Budismo e que compreendia a sensação que eu estava trazendo para ele.

Voltei para a casa sem diagnóstico, ou melhor, com o meu diagnóstico comprovado, o que eu sentia era algo a ser ajustado com o meu querido mentor e aos poucos fomos criando nossa forma que hoje é sutil e confortável para ambos, eu sinto.

A NOSSA PRIMEIRA CONVERSA

De diversas formas, ele vem me instruindo ao longo desses meses. Cada vez mais sutil e sem sofrimento. Nós encontramos um equilíbrio e as informações e orientações chegam naturalmente até mim.

Gratidão, meu querido mentor! Sempre tão presente e tão atento ao meu processo. Penso no tanto de trabalho que eu estou te dando (risos), mas nós sabemos o quanto a causa é valiosa, o quanto a sua orientação é essencial para que eu possa fazer a minha parte aqui e cumprir com a minha missão.

Voltando...

Nessa dormência, comecei a conversar com ele — isso é habitual, pois sei que ele me escuta o tempo todo e eu, de uma forma ou de outra, acabo sentindo seu retorno, que até então não era em falas, em conversas diretas. Eu recebia em forma de pensamentos, de vozes, sensações e intuições.

O meu corpo todo dormente foi conduzido à cama, conduzido por ele, certamente.

Eu já estava perdendo o controle do meu corpo, estava sem forças, senti toda dormência do mesmo dia do episódio com a minha mãe, naquele mesmo quarto, e também de outra experiência que eu recém havia vivido no Centro Espírita.

Nesse dia no Ana Luz, vivi a minha primeira experiência de incorporação. O meu corpo serviu de ferramenta para que uma irmã, pela primeira vez depois de ter desencarnado, viesse à Terra.

Certamente este dia terá seu próprio capítulo, pois foi uma das experiências mais lindas que vivi (presenciei).

Voltemos...

Me deitei na cama e ouvia meu mentor querido conversando comigo. Desta vez, era a voz dele falando comigo, não era como um pensamento. Estava diferente, não eram sinais, não era nada que eu percebia, sentia ou intuía. Era a presença dele.

Sim! Pela primeira vez era ele de forma inteira, presença e voz. E intuitivamente eu sentia que para que eu conseguisse me encontrar e conversar com ele, eu precisaria me depreender do meu corpo, eu precisava me desconectar da matéria e me entregar a esse encontro que não seria um encontro de um ser humano com um ser espiritual, essa conversa só aconteceria se dois seres espirituais se encontrassem num mesmo plano, espaço e consciência.

Árduo trabalho organizar todos os meus corpos: físico, emocional, mental, espiritual e energético. Eu não tinha conhecimento teórico e nem prático de nada disso, nunca na vida estudei sobre espiritualidade, sobre espiritismo, sobre fenômenos espirituais, sobre mediunidade, sobre nada!

Eu iria ali no improviso unir um pouco daqui e dali do que eu vinha estudando naqueles 5 meses frequentando o Centro Espírita e tinha fé, muita fé, de que a espiritualidade de luz que me assiste, me guia e me orienta, iria me ajudar. Tendo sempre claro que isso aconteceria se fosse da vontade de Deus, *que seria feita a Vossa vontade.*

Eu acreditava que, mesmo com a minha ignorância diante desse novo mundo que havia sido apresentado a mim, o mundo espiritual, eu iria conseguir conversar tête-à-tête com o meu mentor.

EXATAMENTE NADA É POR ACASO

Graças a esse episódio da minha primeira incorporação lá no Ana Luz, graças a minha inexperiência foi que eu pude adquirir conhecimento através dos estudos que fizemos juntos sobre a situação.

A análise e estudo do que aconteceu comigo naquele dia foi essencial para que eu pudesse conduzir melhor a experiência que estaria por iniciar.

Os estudos que fazíamos após todas as experiências mediúnicas que aconteciam no Mediunato, me trouxeram imenso aprendizado para essa minha primeira experiência de incorporação. Foi aí que soube que a minha mediunidade era ostensiva.

Eu não esperava que isso iria acontecer, não fazia nem ideia de que eu tinha esse dom, essa habilidade para servir a Deus e a Espiritualidade aqui na Terra. Era a primeira vez que eu servia para trazer alguma mensagem do mundo espiritual para o mundo material dessa maneira.

Eu não tinha conhecimento para saber lidar com todo "controle" que é possível ter sobre o espírito, não tinha nem ideia de que a minha emoção poderia atrapalhar no andamento das coisas. Por mais que eu estudasse a teoria ali no grupo, na hora do "vamos ver" é totalmente diferente, e eu estava, estou apenas engatinhando nos estudos da Espiritualidade.

Bem, na verdade eu tenho vivido intensamente experiências e com isso busco conhecimento, leio, peço ajuda para quem sabe, sei que preciso de um estudo contínuo e eterno. E assim que eu me instalar quero muito voltar a frequentar e estudar numa casa espírita.

Por que eu contei essa parte do caso no Ana Luz? Porque ali eu tinha claro na minha mente que eu precisava equilibrar, ou melhor, controlar mesmo as minhas emoções para poder viver essa experiência espiritual.

A experiência com a irmã do mundo espiritual que utilizou da minha ferramenta, do meu corpo, no Ana Luz para se comunicar, foi essencial para que eu conseguisse dar conta de viver tudo o que aconteceu naquele quarto nas próximas horas.

VOCÊ SE LEMBRA DO QUE ACONTECEU?

De um modo natural, sem técnicas ou estudos profundos para saber como proceder com o que estava acontecendo naquele momento, fui seguindo a minha intuição e o meu coração, como vinha aprendendo a cada dia. Quando dei por mim, sem saber que isso iria acontecer, eu saí do meu corpo para que pudéssemos conversar.

Eu não percebi o momento exato que isso aconteceu, mas quando senti que o meu espírito saiu do meu corpo, consegui conversar com ele de forma clara e transparente. Ali estava claro onde eu deveria me manter para que o nosso encontro fosse o mais produtivo possível.

Ao fazer uso do pouco conhecimento que eu tenho, comecei a cuidar da "logística" dos corpos e, principalmente, das minhas emoções, para que pudéssemos continuar naquele "lugar" onde nos encontrávamos.

Eu não via onde estávamos, não havia um lugar, era como se estivéssemos no espaço e num encontro de almas. Eu apenas sentia que a sua voz vinha do alto do meu lado direito de onde eu estava deitada na cama. Apenas isso era claro.

Pensando aqui em como trazer tudo o que conversamos, achei melhor replicar a conversa e ir fazendo colocações para que você possa compreender melhor o contexto de diversas partes desse encontro tão especial.

O QUE DE FATO IMPORTA É A MENSAGEM

Eu nunca soube o nome dele, nunca perguntei. Teve uma época que eu ficava curiosa querendo saber quem era, mas como venho estudando muito o Evangelho Segundo o Espiritismo, digo que é uma "Evangelho-terapia", que me salva, me cura e me orienta sempre que preciso.

Bem, num desses momentos em que eu queria tanto saber quem era o meu mentor, eu abri numa página aleatória do Evangelho. Sinto que, dessa forma, a espiritualidade me traz sugestões de leitura que são sempre adequadas para o que eu preciso aprender no momento. Aquela página registrava algo como: *o que menos importa é saber quem traz a informação, quem é o espírito.*

Que essa preocupação é quando estamos apegados ao ego, querendo saber se é um espírito conhecido, se ele é "importante" na história da humanidade e tudo isso de nada importa, todos os espíritos de amor e de luz tem o seu valor e nós somos todos iguais.

São todos seres que querem e estão contribuindo de alguma forma para o desenvolvimento da humanidade, para o aumento da nossa consciência enquanto seres espirituais que somos. O que muda quem ele é?

Esta semana senti que gostaria de nomeá-lo, aleatoriamente,

e o que senti através da minha intuição foi chamá-lo de Manuel ou Emmanuel, algo assim.

Agora escrevendo, me lembrei que o mentor do Chico — o Xavier —, tinha esse nome. Mas quantos outros Emanuel devem existir?

POR QUE ESTAMOS AQUI?

O nosso "encontro" começou com ele me perguntando:

— Você se lembra o que aconteceu no início do ano, lá em março? Quando você viveu todo aquele processo intenso ali na sala da sua casa e não conseguiu finalizar?

De imediato, respondi que sim, não tinha como eu não me lembrar de um momento com tantas experiências nunca vividas por mim. E foi após esse dia que, por minha falta de compreensão, não sabendo lidar com nada a respeito da minha mediunidade, que as coisas se desencaminharam de forma brusca. Fui obsediada por 3 ou 4 dias.

Logo após esse episódio que ele perguntou se eu me lembrava, busquei ajuda pois precisava aprender a lidar com essa nova vida que havia me sido apresentada. Uma vida com ligação, comunicação e conexão com o mundo espiritual.

Pode parecer óbvio, mas eu não sabia que, assim como eu havia me encontrado com a minha mãe que é um ser de muita luz e amor, assim como o espírito dela conseguiu vir até mim e termos o encontro lindo que tivemos, eu poderia também receber a "visita" de espíritos sofredores, enganadores, mentirosos, chacoteadores e zombeteiros, que se fazem passar por seres de amor, por espíritos de luz, por celebridades históricas e por aí vai.

Pois bem, eu fui ao inferno por alguns dias após viver essa obsessão e percebo hoje o quanto a vibração do medo que eu busquei no final desse encontro que ele estava falando, contribuiu para ceder espaço e atrair as baixas vibrações dos irmãos que sofrem e que me usaram tentando me enganar e me distanciar dos meus objetivos nessa caminhada que escolhi percorrer e viver.

VOCÊ SABE O PORQUÊ?

Ele me questionou se eu sabia o porquê de não ter sido concluído toda a minha transformação. Eu disse que não sabia, apesar de, até então, achar que tinham sido os "espíritos sofredores" que não haviam me impedido.

De forma surpreendente ele me respondeu: "Você não concluiu a sua transformação, a sua iluminação por que faltava o mais importante e você ainda não tinha, a fé".

Eu concordei na hora, pois era nítido o quanto a minha fé havia se transformado desde então. E naquele momento inicial da transformação, eu realmente não tinha a fé.

A fé que eu tinha era muito pequena diante de tudo o que eu vivi nos meses seguintes a esse evento não concluído.

Ele me disse que me faltava fé e que, por esse motivo, ele estava ali naquele dia, porque precisava me trazer algumas verdades para que eu tivesse conhecimento para, aí sim, seguir o meu caminho de transformação e iluminação.

Já sabendo o que encontraria pela frente, diante do conteúdo que iria trazer para o nosso encontro, ele veio me adiantando algumas coisas para a minha melhor compreensão:

"Tudo o que eu vou falar para você são coisas que serão difíceis de você acreditar, por que por mais que você esteja em evolução, você vive num mundo material em que limitamos muito a nossa compreensão sobre diversos assuntos, devido a forma com que somos criados, a cultura, a nossa mente que nos julga incapaz de algumas coisas por que aprendemos a dar significado as palavras e achamos que essas palavras significam aquilo que aprendemos ser, sendo que é tão amplo o que cada coisa significa ser, é tão vasto.

Então tudo o que eu vou falar agora para você é a verdade e você só precisa acreditar no que eu trazer.

A sua mente vai te sabotar, você não vai querer acreditar, você vai trazer milhões de pensamentos tentando entender o porquê disso ou daquilo, você vai querer encontrar sentido para tudo o que eu vou trazer.

Vamos ser claros, eu já vou te adiantar, você não vai ter total compreensão agora para tudo o que eu vou te trazer de informações, mas eu peço que acalme o seu coração, pois o tempo e a espiritualidade irão agir para que você possa ter as compreensões devidas, apenas precisa me ouvir e acreditar no que vou trazer para você hoje."

Ouvi atentamente as suas instruções, em paralelo, tentava me manter em equilíbrio para não sair do lugar onde estávamos, pois essa conversa só seria possível se eu estivesse fora do meu corpo como estava conseguindo até então.

UM DELEI INVERSO

Depois dele ter me orientado, começou a trazer o conteúdo e foi aí que algo muito curioso começou a acontecer, antes dele falar eu começava a receber a mensagem que viria através da sua fala, segundos antes. Quando não vinha a mensagem toda vinha pelo menos a introdução do assunto que viria a ser tratado. Isso fazia com que eu já soubesse o assunto que seria tratado em seguida.

Depois que vivi esse dia eu busquei compreender o que era isso, pesquisei um pouco, fui atrás de conhecimento.

No começo, eu achava que eu ouvia a voz dele antes, depois me veio a reflexão de que, se nós escolhemos tudo o que vai acontecer conosco na nossa próxima reencarnação, será que eu não estava apenas acessando uma memória de algo que eu já sabia que iria acontecer?

Veio ainda que eu poderia estar acessando o tal de inconsciente coletivo. O que era esse "delei inverso" de fato eu não sei, mas ele era presente em todas as falas da nossa conversa e isso gerava em mim reações antecipadas sobre aquilo que ele iria falar, claro.

Ele me trouxe a respeito daquela imagem que eu vi de um muro de ferro num casarão que parecia ser Paris, me trouxe que realmente era Paris. Seguiu:

— Você não tem ideia da dimensão que irá alcançar enquanto escritora, essa imagem diz respeito a lugares que irás frequentar junto a estudiosos do espiritismo em Paris.

Agora eu não lembro ao certo, mas ele quis dizer que eu iria frequentar lugares que Kardec havia estudado ou trabalhado. Me disse que eu já havia visto essa imagem diversas vezes, porque Paris será um lugar presente na minha vida futura e que seria importante eu saber disso naquele momento.

Essa acredito que foi a informação mais fácil de eu acreditar, de todas as informações que viriam pela frente. Por mais absurda e surreal que pareça.

Como assim? A pessoa até ontem sonhava em conhecer Paris e agora chega "alguém" e me diz que Paris será um lugar em que eu irei frequentar muito?

Ainda bem que ele frisou que seria difícil de eu acreditar no que viria pela frente.

A minha relação com Paris é forte desde criança, eu cresci sonhando em visitar a Torre Eiffel e por mais que as condições reais da minha família não realizassem esse sonho, a minha mãe me ensinou desde muito pequena que trabalhando e sendo uma pessoa correta, eu iria realizar todos os meus sonhos.

Lá estive em 2019 e foi um dos dias mais felizes da minha vida. Não terei nenhum problema em viver isso que meu Mentor disse que irá acontecer, a questão está em acreditar que eu, Shirleyzinha, um mero ser mortal que acaba de descobrir um outro mundo, o espiritual, vai ter Paris como lugar frequente na sua vida. Ah! Detalhe importante, hoje eu não tenho R$1,00 ou 1 Euro que seja meu.

Mesmo bem avisada eu seguia o questionando, duvidando,

perguntando mil coisas, pois muito do que ele falava eu não tinha como aceitar. Eram coisas absurdas e eu como um ser humano com a minha mente apegada a vida material, não iria simplesmente engolir o que ele me dizia, só por que era ele que estava falando.

Ele com toda amorosidade e paciência me trazia formas diferentes de enxergar tudo o que iria acontecer comigo. Eu perturbando-o com a dificuldade de acreditar e ele trazia um outro olhar sobre as situações, ele trazia como verdadeiramente é, como se enxerga a vida lá de cima e não como aprendemos a concluir e definir tudo a partir do que vivemos aqui na vida material e INCRIVELMENTE me convencia ao ponto de eu dizer a ele: "Você tem razão".

Então dizer para ele que eu acreditava nisso, sobre Paris, foi difícil, mas repito, a mais fácil das informações recebidas neste dia.

Ah! Detalhe importantíssimo. Antes de entrarmos nesse momento do encontro, em que ele traz tudo o que eu precisava saber sobre o que iria acontecer comigo e acreditar no que seria dito, vivemos antes aquele mesmo ritual vivido em março, quando a energia estagnou no meio da palma das minhas mãos.

Começamos novamente; eu deitada na cama, entregue, comecei a rever junto dele todos os sofrimentos vividos durante toda a minha vida e os aprendizados colhidos que foram necessários para a minha evolução. Quando chegamos ao mesmo estágio onde a luz havia sido estagnada, na palma das minhas mãos, ele começou a contar o que eu precisava saber.

Depois de muita resistência quanto a minha carreira como escritora, quanto a Paris, debatendo com ele o quanto isso parecia surreal, ele de forma sutil e amorosa ia desmistificando, ia desconstruindo conceitos e tudo ia fazendo sentido de forma muito conexa.

Quando eu finalmente afirmava que acreditava naquilo, por que ele me esclarecia de forma tão transparente diante do mundo onde vive, o espiritual, que eu não tinha mais como duvidar, quando finalmente eu dizia: "Sim, eu acredito", aquela força de energia que ali novamente já havia percorrido todo o meu corpo e paralisado exatamente onde paralisou em março, entre meu punho e o início da palma das minhas mãos, essa energia passava a subir devagar, informação a informação rumo a sair do meu corpo e expandir.

Mesmo eu tão resistente a aceitar as verdades que ele me trazia, aos poucos o meu ego, a minha mente, eles iam perdendo forças diante de tantos novos conceitos que iam sendo trazidos. "Véus" iam sendo tirados e me permitiam compreender aquelas verdades.

Aquela assinatura e 1823 foram explicados em seguida.

Ele me disse que enquanto eu achasse que eu não saberia ser escritora eu receberia ajuda Marina, não lembro o sobrenome agora, escritora que viveu em 1823. Me falou que eu receberei orientações dela para que eu me sinta segura nessa nova profissão, ela estará guiando e me ajudando nessa jornada.

Depois do seu discurso sério a respeito desse tema, eu acreditei, enquanto mais um centímetro de luz subia pelas minhas mãos.

Quanto a escrever livros:

A partir de agora você vai ajudar as pessoas a se curarem das suas dores, a se transformarem, a salvar suas vidas, a ter outro olhar pela vida, pela morte, outro olhar pela espiritualidade, através da escrita. Até agora, você utilizou muito da sua fala para ajudar as pessoas, eu sei que pode parecer estranho, mas agora a sua escrita será a forma como irá ajudar, fazendo o bem pelo mundo afora.

A expressão "mundo afora" me assustou desde a primeira vez que eu ouvi, quando eu ainda não tinha contato com meu Mentor e ele se comunicou comigo através da Clara, minha amiga. Naquele momento, ele falou que o livro iria ajudar pessoas do "mundo todo" a não perderem suas vidas, a se curarem.

Eu pensava: *"que doideira é essa, minha gente? Como assim do mundo todo, mundo afora? Que exagero! Eu sou uma pessoa tão comum, que nunca pensou em escrever um livro, pecadora, em busca do meu autoconhecimento, gay, de família humilde. Como eu posso escrever um livro que irá para o mundo todo?"*

Mais uma vez, incrível em suas explicações, ele me trouxe compreensão para o que iria acontecer na minha vida.

Antes de vir para cá, reencarnar num corpo material, eu escolhi tudo o que iria viver para colher os aprendizados e evoluir com eles nessa passagem por aqui. E tudo o que seria colhido iria me dar sustentação para cumprir com a minha programação reencarnatória — e uma das minhas missões aqui nessa vida é escrever livros, ser escritora. Eu escolhi lá atrás.

Fui compreendendo que isso não era um bicho de sete cabeças e o que estava me impedindo de acreditar era a imagem limitada que eu havia criado sobre quem eu era, sobre mim mesma, um ser humano material.

Eu não me via como um ser espiritual e essa mudança de olhar já nos dá outro entendimento sobre nossas missões. Entendi que a minha profissão a partir de agora seria escrevendo livros, que eu irei viajar muito levando esse primeiro livro, falando sobre ele, sobre a minha história de vida, e está tudo certo - Mais um feche de luz sobe pelas mãos.

Lembro-me de ter ficado muito aliviada ao ter conhecimento de que iria ser uma escritora, de que o livro iria tomar uma proporção que eu não fazia ideia. Isso me deixava mais segura para conversar com a Roberta sobre a ajuda financeira que eu iria ter que pedir para poder seguir mais um tempo até escrever, publicar e tudo mais.

Ter recebido essa informação de que realmente eu iria viver de livros me trouxe muito alívio, pensei: "Agora eu tenho mais argumentos para que ela possa compreender e me ajudar."

Lembrando que esses argumentos são espirituais, que as

mensagens não são "concretas" diante do mundo real, eu teria ainda que tentar mostrar que o que eu estava falando era verdadeiro. Seria a minha palavra diante do que eu acredito e vivo, mas "bora lá"! Me tirou um peso saber disso.

Foi daí em diante que o "delei reverso" começou a gerar negações intensas pois a informação chegava e, mesmo antes dele me falar qualquer coisa, eu já estava dizendo "Nãaao".

Já comecei dizendo:

— Nããããão! Isso não tem como. Que loucura uma coisa dessas, não é verdade! Não tem nada a ver, é insano eu querer acreditar em qualquer coisa nesse sentido.

Parêntese para relembrar que esse episódio aconteceu no dia 28/09/21, recente. E para as poucas pessoas que ficaram sabendo do que aconteceu neste dia eu nem tinha coragem de falar sobre essa parte da história.

Eu tinha claro até determinado momento de que eu não iria escrever isso no livro pois iriam me chamar de louca, iriam por minha sanidade em questão, iriam me julgar, que era surreal, muita presunção ou sei lá o que. Mas eu fui sentindo e a espiritualidade foi me intuindo de que eu não poderia deixar essa parte de fora, por mais absurda que ela pareça ser, pois eu sinto que ela será importante para o caminhar da Espiritualidade. Que possivelmente lá na frente, talvez depois de já não estarmos mais aqui nessa vida, já termos desencarnado, essas palavras vão servir para estudos ou até mesmo para análises de tudo o que veio acontecer no meu caminhar.

O tempo foi passando e eu fui percebendo que eu devo me entregar e confiar que essa é a vontade de Deus, que eu escreva o que é para escrever, afinal, só estou falando a verdade do que vivi nessa experiência, tudo muito dentro do "Orai e vigiai". Portanto, eu tenho a clareza que essas mensagens vêm de irmãos espirituais que só querem contribuir para a desmistificação do Reino dos céus, que só tem a intenção de contribuir para que o mundo espiritual seja visto e reconhecido como algo real e que tudo isso aqui é apenas uma experiência em que vivemos provas e expiações.

Ah, vale trazer que eu estou muito bem assistida psicologicamente e espiritualmente.

Pois bem, eu me comprometi em escrever nesta autobiografia espiritual exatamente o que vivi, a minha história e a minha relação com a espiritualidade. Assim, não se assuste se ler "absurdos", essas são as minhas vivências, as minhas experiências e eu já compreendi que o que vivo é bem fora da curva e que irá gerar diversos questionamentos. Eu me entrego e Confio a Deus, então vamos lá.

Ele seguiu:

— Você já foi São Gabriel e São Miguel Arcanjo, entre outros momentos.

Eu dava risadas enquanto ele buscava me convencer de que essa informação era real e eu, petulante, vinha cheia de argumentos tentando provar para o meu mentor espiritual que ele estava errado. Eu dizia:

— Como eu, pecadora, um ser humano normal, que erra, gay, que viveu na ansiedade até ontem, já fui um deles? Não faz sentido algum.

Santa paciência!

De forma serena e muito cautelosa, tendo empatia, pois ele já passou pelo que eu passava na vida material, me explicou que era o meu ego/eu materializado que não compreendera ainda o funcionamento do mundo espiritual.

Ele é tão sábio, tão cheio de informações coerentes diante das leis de Deus, da lei do amor, que pasmem, me fez acreditar que essa informação também era real.

Confesso que essa deu muito trabalho! Ele me trouxe conteúdos espirituais, divinos e angélicos a respeito dessa situação e, em paralelo, eu comecei a sentir um desconforto nas costas.

Era algo que eu não estava entendendo, era dos dois lados, como se algo estivesse preso no meio das minhas duas costelas, parecia que algo queria se soltar por ali, eu não entendia. A sensação era como se uma mão quisesse se abrir e eu fui sentindo que eram minhas asas que precisavam se soltar. Mais uma vez, surreal.

Pausa para esse momento da escrita, uma emoção transborda ao me lembrar dessa sensação única e que, por mais que eu tente descrever e escrever, foi uma experiência indescritível, não existem palavras para esse momento.

Ele conseguiu o inimaginável, que eu acreditasse que aquilo em algum momento da minha vida espiritual aconteceu e nessa hora meu corpo todo se alongou pela cama e meus braços se esticaram muito, abrindo as asas que estavam ali presas.

O incômodo se desfez imediatamente, as asas se abriram e mais um feche de luz se expandiu pelas minhas mãos.

Lembro-me de uma reflexão bem racional vir nesse momento:

"Bem, essa energia começou lá abaixo dos meus pés e, na medida em que as verdades eram ditas a respeito dos meus sofrimentos e os aprendizados colhidos através deles aqui nessa vida e que eu me conscientizava, essa imensa força de luz se espalhava pelo meu corpo de forma gradual.

Quando ele falou sobre Paris, sobre eu ser escritora, sobre a ajuda que eu iria receber de uma escritora do mundo espiritual, eu fui acreditando e a energia transcendendo. A relação que eu fiz foi, quando eu enfim acreditei nessas encarnações que eu havia vivido, a energia continuou a se espalhar pelo meu corpo, subira mais um pouco pelas minhas mãos, faltando pouco para que se expandisse de vez. Concluí então que eu não sou ninguém para querer entender os mistérios do mundo espiritual, apenas me entrego e confio mais uma vez.

Ufa! Clima tenso de questionamentos, o tempo ia passando

e nós ali naquele lugar tranquilo onde nada nos incomodava. Éramos só os dois tratando ali daquele assunto pendente e tão valioso na minha caminhada rumo a uma grande transformação.

Em meio a isso tudo, buscava manter o equilíbrio entre os meus corpos para que o encontro continuasse e eu pudesse ouvir e viver tudo o que era necessário.

O "delei inverso" veio mais uma vez e aí eu acredito que tenha sido o momento de maior dificuldade que ele tenha passado comigo. Eu estou julgando, mas eu sei o quanto fui resistente quando chegamos nesse assunto.

A mensagem que antecipava a sua voz dizia que eu iria ser considerada santa após a minha morte.

Você consegue se imaginar ouvindo isso?

Loucura!

Era só o que eu pensava. Aquilo era impossível de ser admitido por mim, *simplesmente* impossível e ponto.

Eu dizia que eu não acreditava naquele absurdo e ele, mais uma vez, amorosamente, me ouvia e relembrava o que havia me falado antes da nossa conversa começar, que ele iria me revelar algumas verdades e que eu precisaria acreditar a fim de possibilitar que transformação espiritual que estava prestes acontecer, acontecesse.

Percebendo a dificuldade que eu tinha de lidar com essa informação, me perguntou: "O que é uma vida santa para você?".

Bem, fui buscar dentro de mim a resposta e disse que é uma vida dentro da verdade, do amor, da caridade, buscando amar ao próximo como a si mesmo, dentro das leis divinas, dentro da lei do amor, buscando fazer o bem, ajudar, acolher, cuidar.

Enquanto eu respondia à sua pergunta fui tendo consciência que é possível um ser humano ter uma vida santa, mas isso não significa não pecar, afinal vivemos num mundo cheio de tentações terrenas, isso se torna quase que impossível, mas ali eu entendi que se alguém de determina a viver a verdade, o amor e a caridade na prática, isso é o caminho para uma vida santa.

Por mais que eu me considere uma boa pessoa, que vem a cada dia tentando não fazer o mal ao outro, que busca viver dentro das leis do amor, que tenta ser mais caridosa e ter compaixão com o outro, esse assunto de vida santa ainda é algo muito distante para mim. Mas quem sou eu para opinar e questionar, eu que não sei de nada dos mundos que existem além desse aqui que vivemos.

Possivelmente alguns leitores com mais conhecimento sobre espiritismo, sobre a espiritualidade podem estar se perguntando neste momento se quem estava ali conversando comigo era mesmo um espírito de luz, se essas informações são reais, se não era um espírito zombeteiro e a resposta que eu tenho não vem de mim, vem do que eu sinto e acesso a espiritualidade; ele é de uma falange de luz, trabalha em conjunto com diversos outros irmãos espirituais que estão todos nesse momento em busca do mesmo objetivo, acelerar todo esse processo de evolução da humanidade para que ocorra uma mudança planetária já planejada.

Hoje revisando esse texto 7 meses depois do ocorrido eu tenho claro que ele é pura luz e que estamos caminhando juntos por uma jornada que nos levará a colher lindos frutos.

Quanto a se tornar santo, eu busquei as respostas dentro de mim e percebi que não é insano dizer que algum ser humano que vive hoje aqui conosco, pode ser santo após a sua morte — *que essa pessoa não seja eu, porque daí é loucura total!*

Depois de um longo discurso dele me explicando o que é ter uma vida santa, eu enfim acreditei no que ele me trazia. O mesmo empenho teve que usar quando trouxe a informação de que eu iria curar pelas mãos – aceitei, entendi sem me preocupar quando e como isso irá acontecer. Aula valiosa sobre energia de cura.

Como ele já havia previsto e me adiantado antes de falar qualquer coisa, eu teria muita dificuldade de aceitar, mas isso o tempo e a espiritualidade iriam dar conta de me ajudar. O que eu tinha a fazer naquele momento, era acreditar.

Quando enfim eu acreditei nessa última informação, a energia subiu mais alguns centímetros pela palma das minhas mãos rumo a se expandir.

Ele percebeu o quanto esse assunto foi difícil para eu lidar, o quanto mexeu com as minhas emoções ao ponto de me desconcentrar, me desequilibrar e eu quase sair de onde estávamos. Eu senti que estava quase voltando para o meu corpo quando ele me chamou a atenção para o foco principal do nosso encontro.

Seguiu dizendo:

"Esquece! Deixa esse assunto para lá, você nem precisa lembrar disso agora, será só depois de você morrer. Esquece! Não pense mais nisso, é desnecessário agora.

Eu acho que já foi muito conteúdo para um dia só, volta a tua atenção para cá, vamos continuar nossa conversa."

Nesse momento ele me lembrou do período que eu trabalhei por longos anos num grupo e que por mais que eu gostasse do produto, gostasse de muito do que eu fazia, gostava de muitas pessoas, para mim foram anos difíceis. Lá eu me sentia tendo que agir contra os meus valores, eu precisava me encaixar no formato do perfil que a empresa valorizava.

Ele me falou o que eu fui fazer lá, que esse momento da minha vida existiu para eu pudesse compreender o que eu queria ou não para a minha vida, para perceber quais valores eram importantes para mim, o que era necessário para que eu conseguisse viver bem, trabalhar bem e feliz.

Eu fui para aprender, claro, pois lá cresci muito profissionalmente, me desenvolvi na área em que eu trabalhava, conheci grandes profissionais, amigos que eu trouxe para a vida, mas o real motivo que me levou a trabalhar nesse local, foi pelo fato de que seria lá que eu iria ter claramente o que realmente tem valor na vida para mim. Fato!

Complementou dizendo que eu fui também para mostrar outra forma de se trabalhar com vendas, com gestão, com pessoas. Que fui essencial na caminhada de muita gente, que mostrei uma forma amorosa de despertar o melhor das pessoas e com isso consegui também entregar resultados.

Concordei, claro, e acreditando nessa informação que ele me trouxe, a luz seguia subindo.

QUASE NÃO DEI CONTA

Continuando minha trajetória profissional, antes que ele falasse, vi a cena de um momento que eu vivi. Eu caminhava atravessando um calçadão que existe ali na frente da Catedral Metropolitana de Florianópolis, na praça XV, passando entre as escadarias e o Banco do Brasil que fica numa esquina da mesma quadra onde fica o escritório das Lojas Kanto A. Eu estava indo para a minha entrevista para a vaga de supervisora de vendas do grupo.

Eu via a cena e recebia o "delei inverso", a informação já começava a chegar para mim.

Não me aguentei, a emoção foi muito forte demais, eu comecei a chorar intensamente e não conseguia mais parar. Acessar a informação do que ele iria me falar em seguida foi sem dúvidas a emoção mais forte vivida até então.

Eu sempre soube que tinha algo muito especial no nosso encontro, eu e a família fundadora das Lojas Kanto A.

Olhando de forma racional, não dava para entender o porquê eu queria tanto trabalhar nessa empresa. Eu fui fazer entrevista sem ao menos ter entrado numa das lojas, eu não sabia nem ao certo o que vendia, eu não tinha muitas informações sobre produtos, eu só tinha uma certeza de que eu precisava trabalhar ali, com eles e que faria de tudo para me tornar uma colaboradora.

Com o pouco conhecimento que tenho hoje sobre as mensagens que o mundo espiritual nos envia e que achamos que é coisa da nossa cabeça, hoje eu vejo que a voz que me dizia: "Você precisa trabalhar nessa empresa!", já era alguém de cima sussurrando nos meus ouvidos o caminho que eu deveria seguir para que tudo o que está acontecendo agora, acontecesse.

Eu costumava dizer que eu havia entrado na empresa para conhecer eles, uma família de ouro, pessoas humanas, amorosas, com valores que iam totalmente de encontro com os meus e que colocavam o respeito e o amor por tudo; pelos colaboradores, clientes, fornecedores, em tudo, sempre o amor em primeiro lugar.

Essa família me acolheu, me deu a oportunidade de fazer um novo trabalho, confiou no meu potencial, me valorizou pessoalmente e profissionalmente, me ensinou tanto, tanto, todos os dias eram de enormes aprendizados dentro dessa empresa.

Voltando à cena...

Busquei, ao máximo, controlar as minhas emoções para ouvi-lo, mesmo que eu já tivesse recebido uma parte do conteúdo que ele traria em seguida.

Seguiu me questionando:

— Você sabe por qual razão você foi trabalhar nas lojas Kanto A?

Sem que eu respondesse, ele continuou:

— Você foi para lá porque já tinha claro os seus valores, já sabia o que era importante para seguir na sua carreira profissional e porque sabia que lá era um lugar que você poderia ser você na sua verdadeira essência. Você precisava conhecer essa família e não apenas para ter chefes admiráveis, você precisava conhecê-los por um outro motivo que lá na frente você irá saber. Claro que nesses quase cinco anos você fez um bom trabalho, conheceu pessoas incríveis que levará para a sua vida, teve a oportunidade de estruturar um novo formato de trabalho com relação ao desenvolvimento de pessoas, implementando ações, práticas, dando ênfase à gestão humanizada, procurando despertar o melhor de cada um, alcançando metas de forma sólida e saudável...

O real motivo, no entanto, foi para conhecer o pai, a mãe e os seus três filhos.

ALERTA

Comecei a ficar preocupada porque enquanto ele relatava a minha passagem pela Kanto A e, em paralelo, as compreensões do que eu já havia recebido de informação e de imagens iam passando por mim. Eu estava bem à frente dele e, daquele modo, meu estado emocional ficou totalmente alterado. Falar daquelas pessoas e acessar esse conhecimento a respeito do maior motivo do nosso encontro nessa vida, mexeu demais comigo.

Falar nesse momento da família Gerent, da família Kanto A, estava colocando em risco o equilíbrio que eu vinha tentando manter no encontro.

O equilíbrio de todos os meus corpos para me manter no espaço espiritual em que estávamos era essencial, então me preocupei. Senti que me desestruturei tanto que eu estava voltando para o meu corpo e correndo o risco de não terminar mais uma vez o nosso encontro e a energia não transcender o meu corpo, que era algo que faltava centímetros.

Ao perceber o que estava acontecendo, ele me pediu que eu me acalmasse, deu uma pausa nos relatos, pediu que eu me concentrasse para me tranquilizar pois faltava pouco. Aquela seria a última verdade que seria necessária eu acreditar para que a energia ultrapassasse o meu corpo.

Já estávamos quase acabando e ele falou que iria seguir da forma mais prática possível pois eu já havia dado conta de muito para um dia.

Foquei na minha respiração, buscando não entender e nem racionalizar nada pois eu desejava voltar para o lugar onde estávamos, seguindo de onde paramos. Minutos depois, não sei quantos, eu havia buscado esse equilíbrio e ele mudou a condução da conversa:

— Você está indo muito bem, conseguimos chegar até aqui, levando em conta a sua falta de experiência para esse tipo de encontro. Eu vou procurar ser mais objetivo, procure não se emocionar tanto com o que eu irei te falar, eu sei que é difícil pois eu percebi o quanto falar deles, dessa família, acessa fortemente a tua emoção, mas precisas ter foco para que a gente consiga dessa vez seguir com o que precisas viver aqui. É totalmente compreensível você se emocionar desse jeito, pois realmente é uma parte da sua jornada que você não esperava que seria dessa forma, mas vamos lá, eu vou buscar ser breve e direto e você procure manter suas emoções equilibradas. Não pense, não procure achar respostas para o que for ouvindo, apenas ouça e saiba que essa é a verdade. Com o tempo, após sair desse encontro, com os dias, você irá compreender melhor as coisas, a espiritualidade irá te ajudar. Mas agora, eu só preciso que você continue fazendo a sua parte para que possamos concluir o que viemos fazer aqui.

Respirei fundo, me mantive firme buscando me manter espiritualmente equilibrada onde estávamos. E ele seguiu:

— Você entrou nessa empresa para conhecer essa família, eles cinco são seres de luz que reencarnaram na mesma família para seguir fazendo o bem, levando amor e caridade por onde passam. E uma das coisas que eles vieram fazer nessa vida foi te ajudar na publicação desse livro, eles escolheram isso, não sabem, claro, não têm essa memória, mas serão eles que irão te ajudar a realizar essa sua missão, que é escrever e publicar esse livro.

Enquanto ele me falava, vinham imagens na minha mente; eu me vi caminhando ali na rua Ilhéus, eu vinha da direção do TAC, do teatro que têm ali, descendo pela mesma mão indo em direção ao escritório da empresa.

Era uma cena ainda não vivida, como se aquilo ainda fosse acontecer, bem diferente de quando eu me vi indo para a entrevista, que fora algo já vivido.

Ainda ouvindo o que ele me falava, vi outra imagem, de anjos rondando o espaço que existe ali no calçadão que fica de frente a primeira loja da empresa. Existe o prédio Anita Garibaldi, onde fica o escritório das lojas. Na esquina embaixo, fica a primeira loja que foi inaugurada pela Dona Lecir, a mãe. Entre a loja e o escritório, tem um calçadão que fica de frente para a Câmara dos Vereadores. Os anjos permeavam esse pequeno espaço, se movimentando de forma leve e muito iluminada no alto, como se fosse no primeiro andar.

Ainda o ouvindo, em paralelo, visualizei os três filhos; Fernanda, Eduardo e Andrey, sentados com os seus pais, Seu Fernando e Dona Lecir, como se estivessem numa reunião, reunidos em uma sala para uma conversa.

Segurando a emoção para darmos conta de seguir, falei para o meu mentor:

— Tudo bem, eu acredito nisso que você está me falando, eu acredito mesmo!

Eu sempre senti que o nosso encontro nessa vida, meu e da família Gerent, da família Kanto A, era por algo maior do que eu havia acessado até então. Mas eu não me vejo de forma alguma conversando com eles, pedindo ajuda, dinheiro para nada! Isso não está nos meus planos, eu não me vejo fazendo isso. Eu não vou fazer isso!

Eu fiquei tão aliviada quando você falou que eu iria escrever esse livro e que meu futuro como escritora será promissor, por que aí eu me sinto mais segura para conversar com a Roberta, para pedir ajuda para ela, para pedir dinheiro emprestado, para tudo o que eu vou precisar. Eu tinha entendido que seria assim."

Ele seguiu:

— Compreenda uma coisa: por mais que a Roberta tenha esse dinheiro, por mais que ela compreendesse que poderia te ajudar nisso por ser um caminho que deve ser seguido, o da escrita, não é ela a pessoa que irá te ajudar. Não está no caminho dela essa missão. Você cruzou o caminho deles porque será essa família de tanta luz, que irá participar desse momento da sua história. Serão eles que irão contribuir para que tantas pessoas possam mudar suas vidas, possam ter um outro olhar sobre si, sobre o modo que vivem, sobre a espiritualidade, sobre o amor universal que habita em todos nós.

Aquela cena deles reunidos sentados representava que eu estaria nessa cena conversando com eles, essa era a minha sensação e eu julgava aquilo absurdo, não fazia sentido algum, por eu não ter intimidade com os demais, além da Fê e do Dudu, que haviam sido meus chefes por quase 5 anos.

"Como assim eu vou pedir dinheiro/ajuda para o Andrey, um dos três filhos, que eu vinha sendo cliente da sua clínica odontológica desde que os conheci, mas nada além disso, nossa relação era extremamente profissional, perguntávamos sobre como estava a vida um do outro quando eu estava na sua cadeira sendo atendida por algumas vezes, mas nada além disso. Eu nem o conheço, não sei quais são suas crenças, nunca conversei com ele.

E para o seu Fernando então? O pai querido, marido atencioso, sócio proprietário que fundou a empresa e trabalhou por tantos anos junto com a Dona Lecir no piso de loja. Nunca havia conversado mais do que duas frases seguidas com ele e, de repente, iria pedir ajuda/dinheiro para ele? E até mesmo para a Dona Lecir, por mais que eu soubesse que ela é uma mulher com um coração de ouro, como eu iria reunir essa gente toda e falar tudo isso? Uma conversa inteira baseada em informações vindas da espiritualidade que, para eles, é um mundo desconhecido.

Fui transparente com o meu mentor: "Eu não me vejo fazendo isso", pedindo nada ajuda a eles, mas ao mesmo tempo eu sentia que esse era o caminho que já estava traçado em nossas vidas, tanto na minha quanto na deles, tudo muito confuso, novo e estranho.

Enquanto desabafava com o meu mentor, meu coração era inundado de amor, porque eu sentia que toda aquela energia que vinha subindo pelo meu organismo estava por se expandir.

Finalizando, ele me trouxe:

— Você só precisa se preocupar com duas coisas: estudar a Espiritualidade e escrever o livro. O resto é com a espiritualidade, ela já está cuidando disso e de todo o restante. No tempo certo as coisas vão acontecer, fique tranquila.

Essas palavras foram reconfortantes e me acalmaram.

Compreendi ali quais seriam as minhas duas únicas preocupações e cada vez que vinha alguma preocupação desnecessária eu lembrava dessa fala: "estudar a espiritualidade e escrever esse livro".

Pergunta final: "Você entendeu tudo o que eu te expliquei quanto a ser eles que vão te ajudar para o processo de escrita e publicação desse livro? Você acreditou nisso tudo que eu lhe falei?", eu respondi que sim, que eu havia acreditado – Era o que faltava e o que eu precisava naquele momento.

PARTINDO PARA UM OUTRO LUGAR

Saiu, a energia transcendeu o meu corpo, foi liberada pelas pontas das minhas mãos quando eu acreditei, quando eu tive fé no que iria acontecer, quando eu falei a ele que eu havia entendido que seriam eles; Fernanda, Eduardo, Andrey, Dona Lecir e seu Fernando, que iriam me estender a mão nesse momento da minha vida e me ajudar na publicação desse livro.

Aquela energia saiu do meu corpo e tomou conta do quarto. Algo iria acontecer a partir daquele momento.

O meu corpo estava envolvido por um fluído que me movimentou e me colocou em posição de lótus em cima da cama, ali eu era pura energia, eu era pura luz, algo intenso estava acontecendo e eu não tinha noção de que aquilo existia.

Sentada eu sentia aquela luz dentro de mim e ela emanava para o universo inteiro. Eu não tinha controle do que meu corpo iria fazer ou não, ele era guiado por um fluído que me colocava posições de práticas de yoga e uma a uma eu ia tendo compreensão do seu objetivo e nelas eu sentia uma vibração imensa de amor, de cura.

É realmente difícil encontrar palavras para explicar o que acontecia naquela atmosfera. Era uma vibração muito intensa, minha mente não existia naquele momento, meus pensamentos não tentavam entender nada, eu apenas sentia.

E esse Sentir foi sem dúvidas o mais "absurdo" que eu já vivenciei; intenso como o amor de Deus, verdadeiro como o amor de Deus, vívido como o amor de Deus.

Meu corpo totalmente adormecido vivenciava certas posições de yoga e nelas eu permanecia por algum tempo, nesse momento o tempo era tudo o que menos importava.

A Roberta bate na porta me dizendo: "Faltam 10 minutos para a sua terapia", consciente eu respondi: "tá bom!". Mas já sabendo que eu não sairia dali para nada, nada era mais importante do que eu estava vivendo. Mesmo sabendo que eu já havia perdido as duas sessões anteriores e que eu precisava muito daquele encontro com a Eliana, não iria ter terapia nesse dia.

Quando deu meio-dia, ela entrou no quarto e me viu em uma posição de yoga, de olhos fechados e totalmente em outro plano. Voltou a me perguntar sobre a terapia e eu, serenamente, sem sair de onde eu estava, respondi que eu não iria naquele dia.

Ou seja, naquele momento, já era meio-dia. Eu já estava ali há duas horas e sem ideia de quando eu sairia daquele lugar.

Encerrada a prática de yoga, me sentei mais uma vez em posição de lótus e, incrivelmente, vivia uma experiência anômala

— eu me tornara a própria flor de lótus.

Nesse momento eu não tinha mais esse corpo aqui, eu sentia que o meu corpo era o da própria flor.

O meu corpo não era mais o meu corpo, eu me sentia dentro do corpo daquela flor púrpura, com seu corpo estruturado, forte, ereto. Simplesmente eu era aquela flor, qualquer lembrança ou questionamento mental sobre meu corpo físico não existia naquele momento.

Para que você possa entender um pouco melhor, era algo como quando eu vivi o corpo daquela borboleta que saía do seu casulo e sentia o mundo fora dele.

É muita emoção escrever, revisitar esse dia, reviver esse momento tão lindo da minha caminhada, que foi o dia em que a minha vida mudou completamente, o dia que eu passei a ter uma outra consciência.

O que eu vivi nesse dia, me abriu para uma consciência crística. Eu entendi que somos uno, somos todos um só: eu, você, o rico, o pobre, o vaidoso, o aleijado, o sofredor, o liberto. Somos todos um.

Nós somos parte do todo e estamos todos conectados a um mesmo Deus que nos fez iguais. Todos nós somos amor, todos nós! E enquanto estivermos desconectados disso continuaremos sofrendo as mazelas do mundo material.

É preciso que se olhe para dentro, só buscando se autoconhecer é que encontramos a verdadeira felicidade, mas nesse caso falamos de uma felicidade baseada em plenitude, em paz, em tranquilidade. Nessa felicidade seguimos com maior sabedoria, sabendo lidar com os desafios que continuarão a surgir.

VOLTANDO A FLOR DE LÓTUS

Eu sentada nessa posição, vivia a própria flor. Suas pétalas de cor púrpura eram muitas e estavam bem abertas, embaixo dela (de mim), existia um faixo de luz intensa como se fosse a base do seu corpo, que a sustentava.

Num outro momento, essa flor se fecha num botão e o seu caule (corpo) se curva e cai totalmente para frente, num lago ou na lama.

O meu corpo físico fez todo o movimento da flor, ele se curvou para frente, pois como eu disse, ele era a própria flor.

A flor renasce, se ergue e floresce novamente, espalhando perfume, amor e beleza na sua inteireza – eu sentia. Foram diversas sensações, vivências enquanto flor, uma experiência surreal, divina.

O ÁPICE

Um fluído me conduziu para que eu me deitasse. A atmosfera era de um amor tão grande, tão imenso que é impossível descrever. Eu nunca tinha sentido nada parecido na minha vida inteira, eu nem sonhava ser possível algo tão intenso existir.

UMA CORRENTE DE LUZ

Deitada de barriga para cima eu senti uma força de luz, de energia, vindo uns cinco palmos abaixo dos meus pés.

E mesmo nessa distância da minha pele, eu sentia aquela força me tocando, ela estava tocando o meu corpo físico e sutil.

A cada centímetro mais próximo dos meus pés, todo o meu corpo sentia que algo muito forte se aproximava, até que essa luz entra pela sola dos meus pés e me "abre a alma".

A força era tão forte, tão intensa, que me dava a sensação de receber uma descarga elétrica. Eu nunca recebi, mas a forma como ela irradiou subindo pelos meus pés, pela minha panturrilha, era como eu conseguiria descrever.

A energia subia devagar e por onde passava ia limpando as moléculas do meu corpo, ia me trazendo leveza. Quando a energia estava próxima das minhas coxas, um fluído me levou a sentar pela última vez em posição de lótus e com a coluna bem ereta, cabeça alinhada, aquela energia continuou seguindo seu fluxo rumo a parte superior do meu corpo.

Quando a linha de energia, de luz, alcançou o meu primeiro chakra, uma bola intensa na cor vermelha acendeu e irradiava luz ao seu redor, tudo nos mesmos tons.

Tinha uma voz me explicando o que estava acontecendo naquele centro de energia e seguia para todos os chakras, um a um. Fui sentindo e vendo o que estava acontecendo no meu corpo energético. Os centros de energia estavam sendo limpos, reenergizados, iluminados e, em cada qual, aquela voz sutil me explicava o que acontecia ali, onde a energia estava parada.

Elegi dois momentos mais emocionantes, intensos e inesquecíveis de tudo o que eu vivi nesse dia. Um deles foi saber que eu encontrei essa família de seres de luz reencarnados nesta vida, para dar início à minha jornada enquanto escritora, falando sobre o amor e a luz de Deus.

O outro momento é o que relatarei a partir de agora.

A energia estava no chakra do plexo solar, amarelo. E ouvindo o que estava acontecendo naquele momento, a energia subiu e encostou no meu coração, no meu chakra cardíaco.

Um portal de abriu.

A luz que ali tocava se intensificou de uma maneira absurda. Eu não sentia nesse ponto como nos anteriores, era diferente, era muito mais forte, a maior força que eu poderia sentir dentro do meu peito. Uma força muito maior tomava conta dessa parte do meu corpo. Fisicamente, o meu coração vibrava e o pulsar era de maneira única, ímpar.

Uma luz roxa intensa tomava conta do meu coração e círculos de luz da mesma cor se espalhavam ao redor dele e irradiavam todo o meu peito indo para fora do meu corpo.

A vibração era de um amor intenso nunca vivido, de uma luz

de amor e de libertação que faziam com que essa parte do meu corpo vibrasse em 500w, não sei dizer.

Fiquei ali vivendo essa experiência, sentindo e sentindo aquele amor que irradiava do meu coração e se espalhava por todo o meu ser. Em determinado momento, enxerguei o coração de Cristo dentro do meu peito e a emoção foi muito grande, eu senti o amor de Cristo, o seu coração, vivo dentro de mim — e reviver tudo isso nessa escrita, há menos de três horas do dia do seu nascimento, tem um significado muito especial para mim.

(quanta emoção – pausa)

Quando eu enxerguei o coração vivo de Cristo dentro do meu peito, aquela luz se intensificou por mais mil vezes e ali eu senti a sensação de unidade, de que somos Cristo, de que somos Deus, de que somos todos iguais, de que pertencemos todos a uma unidade, a um amor maior, um amor que vem de Deus e que não podemos deixar que a preocupação com o externo, com a matéria, nos desligue disso, nos desconecte disso.

A luz intensa em tons de violeta iluminava toda redondeza do meu coração, iluminava todo o meu ser, ultrapassava o meu corpo, ultrapassava.

Momento mais lindo eu não vivi e creio não viver. Essa graça permitida por Deus transformou a minha vida, transforma o meu ser todos os dias, transforma as minhas perspectivas, me transforma a todo instante.

SEGUINDO

Uma paz imensa tomou conta do meu ser, um novo mundo se abriu e a experiência ainda não havia acabado. A luz continuou pelos demais chakras, de forma intensa, valiosa, alinhando, liberando, curando.

Nesse dia, que foi no final de setembro agora, de 2021, mais precisamente no dia 28, eu não sabia sobre quais cores pertenciam determinados chakras, quantos exatamente eles eram, eu não tinha conteúdo a respeito.

A luz seguiu até o sétimo chakra e uma energia foi acima da minha cabeça e parou num lugar uns três palmos acima dela, o que encontrei depois como o oitavo chakra.

Uma bola de luz branca se intensificou e subiu para um feche de luz que ligava ao céu. Impossível traduzir em palavras as sensações vivenciadas no momento que toda aquela energia que pertencia ao meu corpo, se ligou a uma energia muito maior, totalmente conectada com o divino, um êxtase, uma paz absoluta, um amor incondicional pela unidade, pelo todo.

Segundos, minutos depois a esse transe, minhas mãos se uniram em frente ao coração, esse estado de paz se intensificou, minhas mãos subiram em direção ao topo da minha cabeça em direção ao céu e lá as palmas das minhas mãos se abriram e aquela luz se espalhou por tudo ao meu redor, repetidamente a energia era reunida nas palmas das minhas mãos, unidas em frente ao coração e subindo aos céus se espalhavam.

Um silêncio absoluto, isento de qualquer pensamento foi o que vivi por algum tempo. Fui voltando para a matéria ainda com as mãos em frente o coração.

Um êxtase absurdo. Um amor incondicional. Nesse instante a minha vida já não era mais a mesma.

CAPÍTULO TREZE

"ISSO ACONTECEU COMIGO ONTEM" – o mico.

Eu já estava em tratamento com o Psiquiatra Doutor Ramon Córdova fazia uns 6 meses. Ele muito amoroso e preocupado com a minha situação me pedia que eu entrasse em contato com ele caso não me sentisse bem, ou se algo acontecesse e com isso tínhamos um o contato do outro.

Foi aí então que certo dia ele me enviou um convite para participar de uma palestra que iria acontecer on-line, que o também psiquiatra Doutor Alejandro Veras iria ministrar através do canal da Associação de médicos espíritas, que ambos fazem parte.

Eram poucas pessoas on-line, a maioria médicos espíritas, confesso que me senti lisonjeada pelo amoroso convite do Doutor Ramon, meu médico.

O tema da palestra era sobre Espiritualidade e o Sentido da Vida. A forma que o Doutor Alejandro conduzia o conteúdo me prendia muita atenção e lá pelas tantas ele começou a explicar sobre os níveis de consciência, sobre a evolução humana e o que acontece quando se atinge esse ou aquele nível, o que acontece com o ser humano que atinge a iluminação, como ele passa a enxergar a vida, as transformações interiores que ocorrem e a significativa mudança das suas perspectivas.

Ele relatou ali detalhadamente o que eu havia vivido um dia antes, aquilo começou a ser surpreendente. Ele estava trazendo a clareza para que eu compreendesse o que havia se passado comigo no dia anterior dentro do meu quarto, ele explicava teoricamente o que eu havia vivido intensamente na prática e que meu corpo e espírito ainda reverberavam no momento da sua fala.

Não fazia nem 24 horas que eu havia ido para outro plano, que tantas transformações espirituais e físicas haviam acontecido, e eu nem tinha ido em busca de entender aquilo tudo que parecia tão fora do normal, do comum. Eu pensava que, com tempo, iria pesquisar na internet, no Youtube, falar com meus professores da Pós para procurar entender o que vivi. O que eu não imaginava é que estudos e teorias a respeito viriam ao meu encontro naquele dia.

Por mais que eu tivesse a convicção de que tudo o que havia acontecido comigo um dia antes tinha um fundamento de muita luz, por mais que eu tivesse a certeza de que o fundamento de todo aquele fenômeno tivesse uma origem Divina, Crística, era tudo muito novo para mim e aquelas informações serenaram ainda mais o meu coração – "Está tudo bem, isso existe, eu não estou louca."

Eu havia sido pego de surpresa mais uma vez no mesmo ano, era mais um choque de uma nova realidade e de repente estar participando de uma palestra de um médico espírita tão renomado nacionalmente, que vive em busca de estudos e conhecimento, ele ali norteando os meus entendimentos e os meus pensamentos sobre tudo o que eu vivi, me explicando tudo de forma apaziguadora, tranquilizadora, era algo que superava qualquer expectativa. Eu na verdade nem tinha expectativas pois tudo tinha recém acontecido.

Ao vivo, ele trazia informações baseadas em estudos que, para mim, eram traduzidas em:

— Está tudo bem. O que você viveu foi uma iluminação espiritual, isso existe. Todo aquele fenômeno do dia anterior faz parte da sua evolução espiritual. Fique tranquila Shirley, existem pessoas que já viveram isso, espaçadas e espalhadas pelo mundo, mas existem. Você não está só.

Gente do céu, que presente ouvir tudo aquilo do Doutor Alejandro! Quanto mais ele se aprofundava no assunto, mais eu me identificava. Quanto mais ele adentrava em detalhes do que passa, vive e sente um ser humano que atinge esse nível de consciência e iluminação, era de mim que ele estava falando.

Eu ia sentindo um alívio, agradecendo a Deus pela oportunidade de estar ali e certamente por algum ser de luz ter sussurrado nos ouvidos do Doutor Ramon para que me convidasse.

Eu recebi toda clareza do processo que eu acabara de viver e que estaria ainda respingando pelos próximos dias.

A palestra foi de mais de uma hora e quando abrimos para perguntas, não houve qualquer questionamento. Eu, como tagarela e participativa que sou, não tinha perguntas, mas não poderia deixar de agradecer a oportunidade recebida em participar do brilhante evento daquela noite. Precisava expressar tamanha importância de receber todo aquele conteúdo no momento em que eu mais precisava.

Me manifestei ingenuamente pedindo a fala:

— Eu sou Shirley. Boa noite, doutor! Quero apenas agradecer o convite feito pelo meu médico, Doutor Ramon. Penso que não foi à toa que nos encontramos, não foi à toa ele ter me estendido essa chamada.

Tudo o que foi trazido hoje foi de imenso valor para mim, foi esclarecedor, todas as palavras vieram para que eu pudesse compreender o que vem acontecendo comigo nos últimos meses e, principalmente, um episódio que eu vivi ontem, exatamente ontem."

Eles ouviam atentos tudo o que eu trazia, sem expressão alguma, apenas ouviam. Segui na fala:

"Doutor! Toda essa questão de acessar níveis de consciência, centros de luz além dos 7 chakras que conhecemos, esse senso de unidade, de verdade universal, de sentir que somos todos um, que não estamos separados, tudo isso eu vivi intensamente num fenômeno lindo no dia de ontem. Eu vivenciei a iluminação espiritual e só tenho a agradecer por esse presente de Deus justamente no dia seguinte. Ouvir a sua palestra me trouxe clareza sobre esse assunto que eu nem sabia que existia, que eu nunca havia ouvido falar.

Você não sabe o quanto eu sou grata por tudo o que eu ouvi, por ter me dado a direção para compreender sobre todo esse meu processo. Eu só tenho a agradecer".

Assim que acabei a minha fala, o doutor Alejandro agradeceu a minha participação, não fez consideração nenhuma ao que eu trouxe, o que ali para mim pareceu estranho, mas eu não havia entendido o porquê. Logo em seguida, o doutor Ramon, meu médico, acolhedor e amoroso como só ele consegue ser, entrou em cena e agradeceu pela minha participação e fez uma colocação importante: "Shirley, obrigada pela sua participação. Sugiro você levar toda essa situação para a sua terapia, para o seu psicólogo". E eu prontamente disse que sim, que iria levar.

Algumas outras pessoas agradeceram, fizeram suas colocações e encerramos.

Ao finalizar, tive uma sensação estranha, como se o que eu tivesse falado pudesse ter sido soado estranho para eles, não sei, mas fiquei com essa pulguinha atrás da orelha. Eu não fazia ideia nesse pé da história que isso não era algo comum e me expressei como se fosse algo corriqueiro e talvez, por isso, uma sensação me veio do tipo: *"Será que ela está bem?"*

CAPÍTULO QUATORZE

ENTÃO É ILUMINAÇÃO O NOME
Buscando conhecimento.

No dia seguinte a palestra que eu assisti da Associação de Médicos Espíritas, tudo o que eu ouvi ressoava nos meus ouvidos. Eu senti que precisava entender melhor sobre o que eu havia experienciado. Precisava de conhecimento, conteúdo sobre o que eu vivi e sabia que, a partir dali, havia mudado totalmente a minha forma de enxergar o mundo.

Dois ou três dias depois, sentia mudanças acontecendo no meu organismo e comecei a perceber que a forma com que eu estava enxergando e lidando com exatamente tudo, não era mais a mesma.

Uma vida nova acabara de nascer e eu queria saber mais sobre esse "fenômeno" que eu nunca tinha ouvido falar, nem em sonho. O desejo vinha para que eu pudesse aprender a lidar com as mudanças que estavam por vir, me compreender, saber quem era essa nova Shirley que, aos 41 anos, renasceu e como ela poderia continuar vivendo normalmente nos ambientes e nas relações em que sempre viveu.

Eu percebi através da expressão discreta dos médicos, uma certa desconfiança a respeito do meu depoimento falando que eu havia vivido a Iluminação um dia antes.

Eu estou julgando é claro, mas foi uma sensação nítida e eu não tiro a razão deles, óbvio.

Até então não se ouviu falar em nenhum brasileiro que viveu essa experiência, que vivenciou essa transformação e de repente aparece uma paciente psiquiátrica dizendo isso?

Creio que se eu estivesse no lugar deles pensaria o mesmo: "Vamos dar atenção ao processo dela, será que está tendo alucinações? Será que é um surto esquizofrênico?" Ainda mais levando em conta todo o meu histórico de vida e familiar, né minha gente – risos. Minha mãe tinha esquizofrenia, eu sofri por anos com ansiedade, tomando medicações tarja preta, tive síndrome de Burnout, em meio a forte uma obsessão espiritual eu vivi um pequeno surto psicótico, converso com espíritos, ouço vozes, recebo mensagens lá de cima, cheguei no meu psiquiatra Doutor Ramon em estado de emergência.

Como esse mesmo ser humano foi evoluindo até chegar ao estado de iluminação espiritual? É possível? É de se duvidar, com força, que isso seja possível.

PROCURANDO UM GRUPO

A primeira coisa que pensei foi em pôr no Google. Eu tinha a intenção de encontrar pessoas que também passaram por essa experiência para que pudéssemos falar sobre, compartilhar o que cada um viveu, nos apoiarmos, sei lá.

Eu queria encontrar pessoas do mesmo grupo para poder falar sobre o assunto e entender melhor como viver depois de encontrar toda a verdade que eu encontrei. Eu buscava uma rede de apoio de pessoas que estivessem vivendo o mesmo desafio que eu, aprendendo a lidar a cada segundo com um novo olhar sobre tudo ao meu redor.

Comecei a busca:

"Como vivem as pessoas que passaram por uma iluminação espiritual". Acreditei que iria aparecer uma lista considerável de pessoas ou até mesmo uma comunidade no Facebook, mas não foi como imaginei.

Como eu nunca tinha ouvido exatamente nada a respeito, para mim foi uma surpresa saber que eu vivi algo que não era algo corriqueiro, pelo contrário, é algo que as pessoas buscam. Seja através do autoconhecimento, através da meditação, do silêncio, da auto inquirição ou seguindo instruções de mestres espirituais.

Encontrei diversos vídeos que relatavam exatamente o que eu vivi, alguns mostravam formas de alcançar o Samadhi, Moksha, Nirvana, Bodhi, Satori, entre tantos outros nomes que são dados aos casos de iluminação espiritual.

Eu, claro, já havia ouvido falar em Buda, mas não sabia quem ele havia sido, desconhecia a sua história e a existência de diversos outros Budas que surgiram no decorrer da história da humanidade.

Encontrei que Buda foi um ser humano que buscou incansavelmente o seu despertar, buscava viver dentro da bondade e que sua sabedoria era extrema.

Buda em Hindu quer dizer "iluminado", e foi o nome dado a Siddhartha Gautama, um líder religioso que viveu na Índia. Ele não era um santo ou alguém inacessível, ele foi um homem que, após anos de auto-observação, de meditação, encontrou e viveu a verdade.

Assisti vídeos e mais vídeos que explicavam a respeito dos níveis de consciência, sobre os chakras, sobre o que aconteceu com os iogues e praticantes de meditação ao longo da humanidade e relatos de pessoas "comuns" que não se sentaram no topo de uma montanha esperando a verdade chegar, mas que em suas buscas internas, no seu processo individual de evolução, acessaram esse lugar de unidade, essa consciência onde existe uma só verdade absoluta que vem de Deus.

Quanto mais eu pesquisava, mais eu caía na real de que havia pagado o mico do século no meu agradecimento no final da palestra do Doutor Alejandro.

Eu falei o que aconteceu comigo como se fosse algo que ele já tivesse ouvido diversas outras vezes, de outras pessoas. Falei como se a cada cidade — quem sabe até a cada bairro! — existisse alguém que passou pelo que eu passei.

O fato é que eu não encontrei quem diga ter vivido o que eu vivi, eu não encontrei.

Quando eu descobri isso foi uma loucura, por que eu não podia acreditar ser algo tão incomum, eu fiquei semanas buscando até ter consciência da realidade e que estava tudo bem. Me aceitei e continuei aprendendo a viver, a caminhar novamente depois desse renascimento, reaprendendo a lidar com tudo na verdade. Para mim está tudo bem a forma como eu vivo e enxergo a vida depois dessa experiência, o desafio é continuar num mundo moderno, me relacionando com as pessoas sem chocar a cada instante com a nova maneira que aprendi a viver e que não tenho mais como agir ou ser diferente. Foi uma cortina que se abriu e outras verdades não existem depois desse encontro coma Unidade.

Eu respeito, claro, todos os pontos de vista trazidos até mim, o que eu digo é que para mim não tem mais como ser diferente a minha forma de viver e agir. Hoje eu acesso tudo de forma diferente, as escolhas e decisões não são mais tomadas da mesma forma, o que eu sinto que irei viver, irei viver, meu coração diz e não existe outro caminho.

Hoje eu consigo falar sobre isso com naturalidade, entendi que está tudo bem, mas por um bom tempo foi algo bem difícil para mim, na verdade para o meu ego que não entendia. Eu pensava: "Como assim? Mais ninguém?".

Eu sou eternamente grata a Deus por essa graça — chamo de graça porque, para mim, é mais que um milagre. É uma benção sem tamanho ter passado por toda experiência luminosa que eu passei e seguir vivendo tantas outras que se apresentam a mim quase que diariamente.

Um novo mundo se abriu, minhas perspectivas mudaram, meus sentidos se expandiram, a vida continua igual, eu procuro viver igual, mas não sou mais a mesma e não tem como fugir disso, é uma transformação interna muito profunda.

Dentro dessas transformações a todo instante, desde

28/09/21, eu aprendo a lidar com esse novo eu que renasceu em mim. Aprendo a lidar com o novo olhar para o que via antes, com as novas opiniões para tudo o que me cercava, com a nova forma de sentir a vida. Tenho um novo olhar sobre essa passagem aqui na Terra.

Os desafios são imensos, porque se fosse só eu lidar com toda essa transformação pessoal e interna, seria bem mais tranquilo. Bem mais!

O desafio está em ser este ser que renasceu e que não consegue deixar de ver tudo o que viu, que não consegue mais deixar de ser quem agora é, que não consegue mais deixar de ver a verdade una, que é essa conexão intensa e profunda com Deus, com uma verdade maior e absoluta. O desafio está em encontrar o equilíbrio para se posicionar nas relações que já vivia, nas novas, no convívio com família, amigos, nas amizades, na vida que continua.

Estamos em meados de janeiro, não faz 4 meses que tudo isso aconteceu e um turbilhão desafios já vivi em tão pouco tempo.

Desafios diários comigo, percebendo as transformações intensas diante do que enxergo, escuto, lido, falo e lidando com os desafios que vem até mim através das situações corriqueiras da vida. Percebi que ficou bem difícil para as pessoas, digo pessoas mais próximas de mim, me compreenderem, compreenderem esse meu novo eu. E esse "novo eu" é natural, genuíno, não consigo, na verdade nem existe a possibilidade de eu ser de outra forma pois eu passei a enxergar tudo por um outro prisma e vivendo vou apresentando essa nova consciência, de forma orgânica e naturalmente isso vem gerando estranheza.

Por mais que me amem, que algumas pessoas saibam o que venho vivendo espiritualmente, evoluindo pessoalmente, isso é algo que realmente a compreensão deles se torna distante.

Caminhando, vou percebendo que nem tudo eu preciso falar,

que nem tudo eu preciso trazer à tona, que não se faz necessário e que na hora certa, as informações virão — se for para elas virem.

Vou percebendo que, para o bom convívio, irei omitir e aquietar, a fim de não gerar transtorno desnecessário. Não por mim, mas porque nem todos estão vivendo onde eu estou, enxergando o que enxergo e, essa adaptação, pelo menos neste momento, se faz necessária.

Estou falando em respeitar o processo do outro e, dessa forma, vou aprendendo a lidar com meu novo eu diante do mundo. No tempo certo, conseguirei simplesmente ser quem agora sou.

MINHA GRANDE CONFIDENTE DAS "LOUCURAS" ESPIRITUAIS QUE VINHAM ACONTECENDO

Eu sempre amei muito a Fernanda, minha ex-chefe das lojas Kanto A. Foi amor à primeira vista.

Eu fiz a entrevista com o Dudu, mais de uma até, e chegou o dia em que eu iria ser entrevistada pela sua irmã e sócia, Fê.

Falei para uma amiga que eu seria entrevistada por ela e o comentário foi: "Ih! só quero ver. Dizem que a Fernanda é brava, é bem diferente do Dudu".

Lá fui eu! Encontrei uma mulher linda, alta, loira, muito bem vestida, elegante, olhar firme e seguro do que quer para a sua vida e para a sua empresa.

Começou a me entrevistar, a falar das suas maiores preocupações ao contratar uma supervisora que não é da família e a principal, que os faziam hesitar para enfim me contratar era saber se eu iria conduzir meu trabalho de acordo com os valores da empresa, pois presavam muito por respeito aos seus colaboradores, clientes, fornecedores.

A nossa relação, minha e da Fernanda sempre foi muito transparente e de muita confiança, criamos e fortalecemos isso ao longo dos quase 5 anos em que fui supervisora das suas lojas.

Eu aprendia diariamente lidando com essa mulher de força extrema, de uma luz intensa, que me inspirava e me trazia o gás que eu precisava para seguir plantando minhas sementes de amor em forma de trabalho, para que eu pudesse anos adiante sair e sentir que fiz algo importante para a linda história da Kanto A.

A Fê acompanhou de perto o trabalho que eu passei quando começaram as crises de ansiedade, quando precisei de ajuda psiquiátrica ela me indicou uma médica que me ajudou muito por um longo tempo. Como chefe, ela era totalmente compreensiva quando eu relatava meus altos e baixos, mas sabia que eu procurava sempre manter em "altos" para não deixar a empresa na mão, para não largar a capa de "mulher maravilha" que eu insistia em usar, afinal, eu não conseguia, não podia (por mim) dizer que eu não estava bem, que eu não aguentava mais a minha cabeça enlouquecendo de tantos pensamentos e tormentos paralelos.

Com a Fê eu sempre consegui ser honesta diante de todas as minhas maiores fraquezas, quando eu conseguia assumi-las para mim, né? Afinal, grande parte dessas dores foram suportadas até que eu adoecesse tendo a Síndrome de Burnout.

Quando eu peguei atestado, sem saber que eu não voltaria mais, isso foi no dia 08/07/20. Fui embora achando que estava com Covid, pois eu senti uma falta de ar, uma pressão forte no peito, temendo infartar ou sofrer uma insuficiência respiratória.

No dia seguinte, passei o dia de cama muito mal. Com o tempo, só fui piorando e, após o psiquiatra ter me diagnosticado com Síndrome de Burnout, eu comecei a olhar para dentro de mim, percebendo que muito de tudo o que eu estava passando era por questões emocionais que experimentei na infância.

Por que eu estou contando essa parte da história por aqui?

Porque eu me lembro o dia em que fui conversar com a Fernanda para pedir demissão, para dizer que eu não iria mais continuar na perícia, que eu precisava me desligar do varejo e cuidar de mim. Cuidar de uma ferida que estava aberta e que eu não poderia mais fingir que estava curada. Eu vinha tomando remédio, mas isso só amenizava o sofrimento, pois a causa verdadeira nunca havia sido tratada verdadeiramente.

Nesse dia falei para a Fê que na vida eu sempre tive que ser forte, que eu tive que aprender a cuidar do outro, que a vida havia me ensinado a não fazer o outro sofrer, que havia aprendido tudo isso sendo filha da minha mãe amada, Rosi (eu estava certa, soube depois quando no nosso encontro espiritual me relatou por que foi minha mãe) e que eu havia levado essa lição para a vida.

Segui contando a ela que em todas as empresas eu nunca pude ser quem eu realmente nasci para ser; amorosa, cautelosa, humana, empática, ouvinte, sensível, por eles me pedirem o contrário.

Relatei que eu vinha insistindo em ser aquela mulher maravilha e que eu não queria mais ser, que eu não aguentava mais, que eu estava no meu limite e que toda aquela "fortaleza" era também um mar de sensibilidade e lágrimas e que eu precisava assumir, assumir essa verdade para poder seguir.

Lembro-me bem de um questionamento que ela trouxe. Sempre maravilhosa, querendo entender as situações de forma clara para não ficar sombras de dúvidas sobre nada, falou algo no sentido de que parecia então que eu fingia ser aquela mulher forte que sempre demonstrei ser na empresa, que eu não era então?

Querida! A amo tanto! Sempre tão sensata nas suas colocações, não tinha ideia naquele momento do valor da sua indagação, me ajudando a buscar respostas que até então eu nem eu sabia que estavam dentro de mim.

Essa conversa foi pelo telefone, eu nem conseguia me encontrar com ninguém fisicamente, eu não tinha condições.

Me autoconhecendo e esclarecendo o que fosse necessário para quem quer que fosse; respondi então: "Fê, eu não mentia, não fingia, foi eu que inconsciente como maneira de proteção aprendi a agir assim, foi como a minha mente aprendeu a agir diante das situações, a dar conta de tudo, a arranjar saída para tudo, a encontrar soluções para tudo, a acreditar que tudo pode sim dar certo e ir até o fim das possibilidades, a acreditar no ser humano como um ser capaz de grandes mudanças, a sempre buscar novas possibilidades para os problemas.

Fê, aquela sempre foi eu, positiva, confiante, determinada e com grande habilidade para engajar as pessoas a fazer as coisas darem certo.

Eu aprendi a ser assim, parte a vida me ensinou, parte são dons e habilidades que desenvolvi ao longo da minha jornada, com tudo o que as experiências e as situações nas relações me ensinaram."

Expressei então o que eu vinha sentindo:

"Viva a sua profunda essência, viva o que você nasceu para viver, viva e seja quem você veio para esse mundo para ser." Hoje posso dizer que uma voz me conduzia por esse caminho.

Nesse pé da história eu não sabia exatamente do que se tratava essa essência, aos poucos fui descobrindo e hoje eu sei que o meu peito gritava para que eu fosse amor, para que eu vivesse o amor, para que eu não deixasse nem um minuto de ser amor.

Eu nasci para ser amor, eu nasci para expandir e levar o amor ao mundo. Hoje eu sei que eu escolhi encarnar e viver tudo o que eu vivi, passar por tudo o que eu passei, aprender tudo o que eu aprendi para chegar num determinado momento, esse que vivo, em que cumprirei com a minha programação reencarnatória; levando luz e amor por onde eu for, levando essa luz e esse amor divino que arde em mim e que habita em todos nós.

Bem pisciana que sou, fui por diversos lugares para voltar ao ponto de que a Fê depois que eu saí da empresa se tornou uma das minhas maiores confidentes sobre tudo o que acontecia espiritualmente na minha vida, quase todo o meu processo espiritual eu compartilhava com ela pelo whats, por ligação ou nos encontros que fazíamos vez ou outra num café ou na sua casa.

Era incrível, porque por mais que não houvesse identificação dela com o que vinha acontecendo, não houvesse crenças, por mais que esse mundo espiritual fosse algo muito distante da sua realidade, ela conseguia ter uma empatia gigantesca comigo. Me ouvia, trocava ideias a respeito e, principalmente, me acolhia.

Ela foi essencial nesse período, era tudo muito novo e eu não ia com a intenção de encher seus ouvidos, acontecia naturalmente. Quando víamos estávamos dando risadas e eu chorando tentando compreender o que se passava e como lidar com o turbilhão que eu vivia.

A Fê entrou agora nesse contexto da história porque um dia após eu ter participado da palestra com os psiquiatras, eu a chamei no *whats* para conversar um pouco.

Ah! Vale falar que eu encontrei pesquisadores que estudam fenômenos como esse. Estudantes que fizeram suas teses de mestrado, doutorado sobre temas relacionados a transformações espirituais, sobre tudo o que acontece além do corpo e da mente, encontrei livros e vídeos de pessoas céticas que foram em busca de conhecimento para entender melhor os fenômenos espirituais e estruturaram estudos e livros para trazer maior conhecimento para aqueles que assim como eles, sempre duvidaram de tudo o que não é material e que não houvesse sido comprovado cientificamente.

Na sequência compartilhei com a Fê tudo o havia acontecido, detalhes sobre o dia da iluminação, da palestra esclarecedora em que paguei o mico dizendo que havia vivido tudo aquilo um dia antes e sobre tudo o que encontrei a respeito de quem passou pelo que passei.

Ela é muito espontânea e divertida, e assim escreveu:

— Ah pronto, Shi! Vou ter que falar! De verdade, eu estou achando que tu és algo tipo uma Buda.

Rimos juntas após esse comentário divertido, mas essa brincadeira tinha um grande fundo de verdade na sua fala, depois me disse que estava falando sério, que algo deveria ter acontecido, pois eu estava vivendo coisas muito raras."

E então eu trouxe algo que aconteceu no mesmo dia da iluminação. Depois das horas que eu passei no quarto eu fui para a minha salinha meditar e mais tarde quando eu já estava no banho, com toda aquela informação na minha cabeça, procurando entender o que era aquilo que eu havia acabado de acontecer comigo, pensamentos iam e vinham e eu segui refletindo, (no banho sempre veem grandes reflexões), falei para mim mesma:

Tudo bem eu ter concordado e acreditado em tanta coisa que ele me falou, mas como assim que eu fui dizer para o meu Mentor que eu acreditava que iria ser considerada santa após a minha morte? Como assim meu Deus?

Segui de forma inconsciente, num tom meio debochado, duvidando de todas aquelas informações recebidas. Como ele já havia me dito que aconteceria, que eu seguiria me questionando, minha mente não entenderia, minha falta de compreensão enquanto ser humano muito ligado a matéria e ao ego ainda teria dificuldade de acreditar, mas que todas as suas falas eram reais e que para que toda aquela luz transcendesse meu corpo e a iluminação acontecesse, ali com ele, diante das suas teorias tão bem embasadas, eu precisava ter fé, acreditar verdadeiramente para poder seguir.

Hoje sei que o importante aconteceu, ali eu tive fé e a compreensão; o tempo e a espiritualidade iria se encarregar disso e de fato se encarregaram.

Hoje eu sei que não compete a mim ter a certeza das coisas, a espiritualidade de luz me trouxe e eu sinto que eles têm acesso a tudo o que nós aqui não temos e sei também que nada vai mudar eu "sendo ou não sendo", "sabendo ou não sabendo", eu preciso é me entregar e confiar de que a todo instante está sendo feita a vontade de Deus.

Voltando ao meu tom irônico no banho, falei para mim mesma:

— Só o que falta é me dizer agora que eu sou Buda também! Gente, surreal!

Assim que eu acabei de expressar em pensamento, algo inexplicável, inacreditável, aconteceu: um zunido altíssimo, intenso, ecoou dentro do meu ouvido direito, foi um barulho ensurdecedor. Eu nem havia entendido que aquele barulho havia sido dentro de mim. Olhei para o chuveiro achando que algo tivesse estourado, que algum fio tivesse dado curto-circuito. Assustada, procurava dentro do box o que havia acontecido. Segundos depois, entendi que eu havia recebido um puxão de orelha do meu Mentor, uma chamada de atenção daquelas por eu estar duvidando de algo real que ele me trouxe com todo seu amor, entrega e sabedoria, mas que a minha mente voltada ao mundo material estava com imensa dificuldade em acreditar.

Naquele exato momento, entendi que eu não iria mais duvidar de nada do que havíamos conversado no nosso encontro e todas as mensagens vindas dos irmãos de luz que só estão querendo me ajudar, me direcionando na minha caminhada terrena.

Ali eu fui obrigada a entender que se for para ser Buda, santa, escritora, moradora de rua, palestrante, nômade, QUEM SOU EU para duvidar?

Eu sou um amontoado de carne, de pensamentos, que ainda não entende nada do mundo espiritual e que insiste em saber o que é verdade ou não, compreender ou não, ver se faz sentido ou não.

Dentro de tudo o que aprendemos até então dentro das nossas crenças a compreensão é um grande desafio.

Quando eu fiz essa piadinha: "Só me falta agora me dizer que eu serei um Buda também", nesse momento eu não fazia ideia da experiência que havia acontecido comigo, muito menos do que tinha acontecido com o Buda. Eu ainda não havia ido buscar conhecimento.

CAPÍTULO QUINZE

PENSE SOBRE LIVRE ARBITRIO

Por orientação do Doutor Ramon, mas também por eu ter sentido necessidade, agendei um horário com o meu Terapeuta Transpessoal, Flávio, do qual eu já havia me dado alta.

Eu precisava conversar com ele e contar tudo o que aconteceu no dia 28/09. Não tinha nada me incomodando, preocupando, me causando medo ou mal estar, o meu único intuito com esse encontro era compartilhar com ele algo que eu vivi e o quanto foi espantoso perceber que aquilo se parecia algo raro, mas que já estava tudo bem, eu já havia aceitado e que continuaria me entregando e confiando de que seria feita a vontade de Deus para a minha vida.

Que gostoso poder matar saudades dele em tão pouco tempo, não devia ter feito 1 mês que eu havia me dado alta e já estava lá recebendo aquele abraço amoroso e acolhedor.

Ele quis saber o que havia me levado a agendar esse horário, o que havia me levado até ele e eu procurei relatar da forma mais objetiva para caber dentro daquela 1 hora de consulta.

Confesso não ter sido simples eu equilibrar as minhas emoções e relatar sem muito rodeios tudo o que eu vivi naquele dia, no dia em que eu vivi uma Iluminação Espiritual.

Eu já não sentia mais ansiedade por nada, uma nova forma de viver meus dias havia sido encontrada desde que tudo aconteceu. Então o meu relato foi numa fala equilibrada, tranquila, mas viria um turbilhão de informações para aquele ser querido e com a escuta totalmente aberta sentado na sua poltrona quase de frente para a minha.

Tudo o que você leu no capítulo em que eu descrevo sobre esse fenômeno, eu relatei de forma bem resumida, quase tudo eu acho, procurando equilibrar as emoções pois trazer o que vivi naquele dia, sendo tão recente, era muito intenso para mim, era como voltar a cena.

Lembro que algumas situações pareciam causar mais impacto enquanto eu falava, por mais que ele procurasse manter sua expressão neutra, eu sentia no seu olhar, na sua energia. Pela minha sensibilidade, claro, pois o Flávio é extremamente profissional e jamais iria deixar com que qualquer julgamento ou pensamento seu viesse a ser expressado durante um atendimento.

Em alguns pontos específicos da história, vários eu diria, risos, eu me entreguei as lágrimas e ao que o meu coração sentia.

Viver tudo o que eu vivi e trazer ali pela primeira vez na íntegra para alguém, era um momento muito importante para mim, pois eu já sentia, sabia, que muito do que eu iria contar seria estranho não só para o Flávio, mas para qualquer ser humano e essa seria a minha primeira experiência ao longo de tantas outras que eu nem imagino que irá acontecer.

A parte em que eu comecei a sentir uma energia descomunal, que eu faço relação a quase uma descarga elétrica, ainda uns 5 palmos abaixo dos meus pés, mas que já tocavam os meus pés, foi uma das que me mexeu muito comigo.

Relatei que uma força de luz foi subindo pelos meus pontos de energia do corpo, em cada ponto com a sua cor referente e na medida que isso ia acontecendo eu ia sentindo um reequilíbrio, uma limpeza intensa em determinadas partes do meu corpo.

A luz já havia passado pelo chakra básico com a cor vermelha, pelo sacro umbilical com a cor laranja, estava no plexo solar com a cor amarela intensa e, o que eu não sabia, era o que iria acontecer quanto transitasse para o chakra cardíaco e recebesse a luz de cor verde.

Nesse momento toda energia quase elétrica de luz verde brotou de dentro do meu coração para fora, ali círculos e mais círculos, um envolvendo o outro, todos nesse tom de verde intenso, todos expandiam essa luz para fora de mim, para fora do meu coração, do meu corpo, do meu quarto. Essa luz expandia força e radiava por quilômetros de distância de onde brotava, que era dentro do meu coração.

Em paralelo a toda essa sensação, habitava em mim uma paz absurda, um silêncio desconhecido, um aroma neutro, o lugar mais limpo que já habitei, uma sensação de que nada, exatamente nada existia no meu ser, além daquele amor que eu começara a sentir. Comecei então a enxergar e sentir o coração de Deus dentro do meu coração.

PAUSA PARA SENTIR ESSE MOMENTO

Escrever essa parte me leva a uma emoção absurda, é como se eu revisse todo aquele milagre, toda aquela graça Deus me concedeu, um verdadeiro presente de Deus – Sentir e ter o seu coração, o coração de Cristo, dentro do meu coração.

O que eu via e sentia era aquela imagem que vemos em santos, em filmes e quadros; um coração de carne, vermelho e vivo, envolto de espinhos.

Esse coração por um instante estava presente dentro do espaço físico do meu coração, dentro do meu coração, sobrepondo-se e expandindo toda energia, toda vibração e toda luz que o amor de Deus emanava.

Eu sei que para muitos ler essa parte do que vivi vai gerar curiosidades, apontamentos, julgamentos. Vai parecer mentira, coisa da minha imaginação, algo gerado através de alguma psicose, sonho, imaginação ou qualquer outro nome que queiram dar ao que aconteceu, mas eu vou procurar definir em palavras, o que torna ainda mais desafiador.

Eu tive um encontro com uma verdade absoluta, o encontro com um amor maior, incondicional e divino. Eu senti, por meio dessa experiência, que todos nós somos um só e que estamos todos interligados.

Acessei ainda que precisamos viver todos dentro da verdade de que Deus; eu e você, o morador de rua e o famoso, somos um só. Precisamos urgente ter clareza de que enquanto os desejos terrenos, o ego e a matéria forem prioridade, não evoluiremos.

Precisamos dar atenção à evolução moral, à evolução pessoal, ao autoconhecimento — que é essa busca interior que nos liberta de tantas dores, crenças e conceitos enganosos que criamos sobre nós mesmos ao longo das nossas vidas. Somente assim, poderemos encontrar quem verdadeiramente somos; desapegados do que vem predominando a humanidade na atualidade: essa busca incessante pelo Ter, quando simplesmente precisamos Ser.

Eu tenho a certeza de que se Deus quis que eu vivesse tudo isso, existi algum propósito. Quem sabe seja para que eu siga falando sobre o Deus que eu encontrei e que habita diariamente o meu ser, para que eu possa testemunhar o quanto esse amor e essa luz que tanto falamos é real e pode fazer parte de nossos dias se fizermos a escolha de sermos bons e seguirmos tentando viver no amor e na caridade, perdoando, amando e se doando.

Não estamos falando aqui em passar a ter uma vida santa e não termos mais pecados, praticamente impossível pois vivemos num mundo de provas e expiações, as tentações estão por todo lado. Lembrando ainda que somos seres humanos, passíveis dos prazeres da carne e de tudo o que esse planeta nos oferece.

A questão está em estarmos conscientes das nossas escolhas, em tomarmos decisões tendo como base a análise se isso irá causar mal a alguém ou a mim mesmo. Vamos dar atenção aqui a algo muito importante, para fazermos escolhas saudáveis para as nossas vidas, para que possamos seguir bem emocionalmente, fisicamente, mentalmente, energeticamente e espiritualmente.

Muitas vezes será necessário aprender a dizer não e sabemos o quanto isso é difícil, mas muitas vezes dizer um não de forma amorosa para o outro é dizer um SIM bem grande para a sua vida que precisa seguir.

"PEÇO QUE REFLITA, PESQUISE E PENSE"

Contada toda a história para o Flávio, depois de "um livro" adaptado a uma sessão de uma hora de terapia, cheio de informações, por trás daquele olhar acolhedor, confesso que percebi uma nuvem de preocupação no ar e ele concluiu:

— Bem, é muita informação e hoje eu não tenho muito o que falar a respeito, até devido ao nosso tempo que já estourou e eu tenho atendimento em seguida, mas eu quero te pedir que possamos ter um outro encontro e que durante essa semana, você pense a respeito do livre arbítrio; que você pesquise, leia, busque informações e reflita a respeito disso, do livre arbítrio.

E seguiu trazendo um pouco a respeito do tema.

Enquanto ele falava, eu já sabia o porquê do seu pedido, eu já sabia em qual parte da história ele havia se apegado para trazer essa preocupação, totalmente cabível, é claro. Eu é que me transformei em outro ser, ele estava fazendo — e muito bem! — o seu papel enquanto profissional.

Respondi então que eu iria sim fazer o que ele havia me pedido e ali eu tive a sensação de que tudo o que eu trouxe para ele era algo novo na sua carreira, que ainda havia atendido ou ouvido algo semelhante.

Chegando em casa, ainda no mesmo dia eu fui atrás de conteúdos sobre livre arbítrio, mesmo eu sabendo bem o que significava, fui fazer meu dever de casa de forma correta.

Assisti vídeos, li materiais e refleti bastante lembrando tudo o que eu aprendi durante meus estudos da Doutrina Espírita, que aborda bastante esse tema.

Tendo total clareza do que significava livre arbítrio eu teria um desafio pela frente, explicar para ele no nosso próximo encontro que o livre arbítrio não se fazia mais presente em todas as situações da minha vida, isso após a Iluminação.

"VOCÊ É A PRIMEIRA"

Chegou o dia do nosso encontro e eu estava pronta com diversas informações que colhi ao longo da semana, tanto sobre livre arbítrio quanto a tudo o que dizia respeito de Iluminação Espiritual.

Acolhida amorosa de sempre e ele me perguntou como eu havia passado a semana, eu disse que muito bem, em paz. E seguiu me perguntando se eu havia refletido a respeito do livre arbítrio.

Lembro-me do quanto eu procurei ser cautelosa na minha fala para não parecer ser petulante ou qualquer coisa que não era para parecer. Afinal, eu iria trazer um novo olhar diante de algo que seria difícil de compreender, mas que é a verdade que vivo, é como enxergo a vida e sigo depois de ter passado pela transformação que passei.

Eu estava prestes a falar para o meu Psicólogo Transpessoal, de quase 60 anos de idade e mais de 20 anos de estudos espíritas, que ali diante da situação que o meu Mentor me trouxe, sobre eu ser escritora, sobre eu escrever esse livro, eu não tinha escolha.

Eu já imaginava o que ele iria me falar, algo no sentido: "Todos nós temos, Deus nos deu o livre arbítrio para que pudéssemos fazer as nossas escolhas. Como você não tem?"

Pois bem, vamos ao meu discurso cauteloso, mas honesto, pois a verdade precisava ser dita, eu não poderia me esconder, mesmo que isso fosse, seja, tão diferente do que todos vivem, sentem ou agem. Essa sou eu hoje e se é assim que vejo o mundo, como posso fazer de conta que vejo de forma diferente, só para parecer normal?

— Flávio, quando você me pediu aquele dia para eu pesquisar sobre livre arbítrio. Na mesma hora eu imaginei o porquê, na verdade, eu tinha certeza.

Você deve ter estranhado eu falar que agora existem verdades absolutas dentro de mim, mas elas existem e são universais, que eu não tinha outro caminho, que eu iria seguir acreditando e confiando na escrita e na publicação deste livro...

Eu falar para você que eu iria, que não teria outra opção, que eu seguiria firme porque agora só existe um caminho e uma verdade dentro de mim, que eu não tenho mais escolha... Imagino o tamanho do impacto! Se nós, seres humanos, temos o livre arbítrio, é justamente para decidir para onde vamos, se vamos, com quem vamos.

Então, vou explicar para você o que acontece. Eu sei que nascemos dotados do livre arbítrio, que Deus nos deu para que sejamos responsáveis pela nossa própria evolução. Tudo isso eu sempre vivi durante a minha vida toda: fiz escolhas boas, ruins, certeiras, errei muito e foi por meio disso que fui aprendendo — e está tudo bem.

Mas o que acontece? Depois que eu encontrei Deus dentro de mim, que eu senti o seu amor, que eu senti o amor de Cristo dentro do meu coração, depois que eu fui para um lugar onde todos somos um e que naquele lugar algumas verdades são tão absolutas que não existe a opção de escolha, elas vibram fisicamente dentro do meu ser, do meu coração... Depois disso, o livre arbítrio não se faz presente em todo lugar da minha vida, muitas vezes, as escolhas acontecem pelo sentir, sem ter que pensar e decidir.

Este livro e a minha caminhada como escritora fazem parte de escolhas que eu sinto que não fiz agora, elas aconteceram naturalmente. Na verdade, é como se já estivessem prontas, já foram feitas lá atrás e agora eu não tenho dúvida alguma pois só existe esse caminho, nenhum outro me pertence. Não existe mais a possibilidade de eu procurar ou querer que algo seja diferente disso.

Como assim? Não, não existem dois caminhos, apenas um.

Não existe querer ou não querer, eu quero. Não existe a possibilidade de eu escolher ou não escrever esse livro que a espiritualidade me disse que eu iria escrever, eu vou.

Não existe dúvida dentro de mim com reação a diversos assuntos, escolhas, decisões. Eu ouço a voz do meu coração, sigo a minha intuição, percebo o meu Sentir quanto ao que se trata e a certeza existe, tão certa como o ar que eu respiro.

Para alguns assuntos eu nem preciso parar e fazer toda essa análise, é um Sentir muito imediato e meu coração já responde o que devo fazer. Isso se deve a muito autoconhecimento e uma nova forma de viver que eu venho aprendendo a lidar diariamente.

Essa nova forma de tomar decisões vem sendo praticada a todo instante desde o ano passado, se intensificou após a iluminação e a minha mente com o tempo entendeu que não é mais ela que manda para eu decidir qualquer coisa, é o meu ser. E o meu ser não é a mente ou a razão, o meu ser é o ser espiritual que sou, é o meu coração, que eu sinto ser a voz de Deus em mim.

Eu sou muito além de uma mente racional para tomar qualquer decisão da minha vida, seja o que vou comer ou se antecipo a minha passagem para o Brasil mesmo sem o livro estar pronto com a certeza de que vou lançar na Bienal.

EU ENTENDI E ESTÁ TUDO BEM

O Flávio seguia me ouvindo atentamente e eu descrevendo calmamente a minha nova forma de enxergar a vida, de pensar, de agir. E é claro que isso impactava no momento e impacta até hoje nas minhas relações, pois aquela Shirley não existe mais e as pessoas se deparam com outra pessoa dentro daquela mesma que já conheciam, é mais que natural todo estranhamento.

Eu já havia entendido, aceitado e buscava encontrar uma medida para não chocar tanto aqueles com que eu mais me relacionava, mas mesmo assim as reações de espanto começavam a aparecer. Eu? Eu seguia vivendo um dia de cada vez sabendo que estava tudo bem, que isso faria parte da minha caminhada por um tempo.

Depois que eu trouxe para o Flávio todo a minha perspectiva diante do livre arbítrio e os embasamentos teóricos diante da experiência luminosa que eu havia vivido, ele trouxe suas sábias colocações e visões diante da situação.

Não digo que essas tenham sido exatamente as suas palavras, mas eu gosto de tentar trazer dessa forma, parece claro e mais real para a leitura:

"Bem, tudo isso que você traz é algo muito novo para mim, eu confesso não ter atendido ninguém com um caso como o seu aqui no consultório e nem no centro espírita. É tudo muito novo, muita informação, mas você traz toda essa sua experiência vivida com tanta clareza, com tanta segurança, e eu compreendo o seu ponto de vista e o modo como diz viver após a sua experiência."

Ele confessou ter saído do nosso último encontro um tanto quanto preocupado com tudo o que eu havia trazido para ele, chegou a pensar na possibilidade de eu estar vivendo um surto esquizofrênico, mas que iríamos nos reencontrar e clarezas iriam surgir e se fosse necessário iríamos seguir com o tratamento, se fosse da minha vontade, claro. Mas que ali diante de mim no nosso segundo encontro ele percebia toda minha consciência, uma sanidade mental e todo o meu equilíbrio emocional diante de tudo o que eu relatava diante do que eu vivi e principalmente que essa minha análise diante do seu pedido, trazendo esse novo olhar que vivo sobre o livre arbítrio era tudo muito conexo e coerente diante do que eu dizia ter vivido.

Seguimos conversando a respeito e ele muito preocupado me alertou que eu precisaria estar consciente de que uma jornada de muitos julgamentos estava por vir, que eu poderia sofrer com o que vou enfrentar. Que essa escolha, de seguir nessa jornada, seguir escrevendo o livro sobre algumas experiências espirituais que vivi e principalmente sobre esse último relato, da experiência luminosa que vivi, iria atrair curiosos e críticos e que eu deveria estar preparada para o que poderia surgir.

Me orientou que eu deveria estudar, ler as obras de Allan Kardec, me cercar de conhecimento para poder lidar melhor com as circunstâncias.

Concordei é claro, eu sei que preciso estudar a espiritualidade e desde então segui lendo, assistindo palestras e adaptando a caminhada que estou seguindo desde então, para não deixar de aprender algo novo todos os dias.

Esse foi o meu último encontro como paciente com o Flávio, esse ser humano especial que Deus colocou no meu caminho para me ajudar a me compreender enquanto ser espiritual e transpessoal que sou e seguir a minha jornada me entregando e confiando de que realizarei o meu grande desejo nessa vida, que é seguir levando o amor e a luz de Deus adiante, trazendo outros olhares e clarezas sobre a realidade que a humanidade não pode mais fugir, a existência do mundo espiritual, que é muito mais real do que essa ilusão que é a vida material.

Hoje casualmente terminando este capítulo aqui em Lisboa, dia 25/04/22, as vésperas do manuscrito ir para a preparação final de um e-book e livro físico, eu e ele nos encontramos por vídeo para um bate-papo de amigos. Não temos mais a relação de paciente x psicólogo, somos amigos e colegas de caminhada espiritual.

Foi muito especial, eu pedi autorização para poder falar dele por aqui e ele disse que confiava em mim, que confiava no meu mentor e me autorizou. Compartilhei com ele situações que estou vivendo e sentindo a respeito de algumas decisões a serem tomadas, posicionamentos e ele diante de tanta sabedoria e conhecimento soube iluminar o meu caminho para que eu siga por esse período aqui em Portugal até eu ir para a Bienal.

Ele me trouxe um grande norte sobre eu transformar o conceito principal do livro em palestra; incluindo os temas que considero essenciais; sobre o quanto viver o espiritismo na prática é um caminho para encontrar a paz interior. Sobre a evangelho-terapia como um excelente tratamento para ansiedade, sobre a Síndrome da mediunidade reprimida – a esquizofrenia. Sobre o valor da busca interior, o autoconhecimento – como ferramenta essencial para o encontro da nossa verdadeira essência e nossos propósitos de vida. Coisas boas estão por vir e sei que vou caminhar muito por aí levando o amor que vive em mim e o amor e a luz de Deus, em diversos formatos.

Gratidão eterna a esse amigo de luz que ainda conviverei muito, pois intuo e pretendo voltar a frequentar o Ana Luz assim que eu estiver alojada, morando em Florianópolis novamente. Eu não tenho certeza de nada, me entreguei e confiei a Deus para que seja feita a vossa vontade, mas eu sinto que indo para o Brasil no voo do dia 28/06/22 que chegarei em São Paulo para a Bienal, seguirei por um tempo fazendo a divulgação por ali mesmo e por onde for necessário, o que surgir com essa movimentação, mas que minha morada será em Floripa.

Eu já entendi que o aeroporto, a rodoviária, será minha casa por um tempo, já conversei bastante com o meu ego e ele entendeu que precisará ser desapegado e viver com pouca roupa, numa mala, sem conforto de um lar, sem estabilidade, sem grandes planejamentos, sem um canto para ser só meu. Conversei com ele, com o ego, e o fiz lembrar que lá atrás, ele já havia renunciado a tudo isso para se entregar a seguir com Deus. Agora já está tudo bem novamente.

No tempo certo, no momento e hora certa eu terei o que quero ter enquanto ser humano; me estabilizar um dia novamente, mas eu não posso e não quero ter pressa afinal entregar e confiar é esperar que no momento certo o que for para acontecer, acontecerá e eu sei que será lindo tudo o que ainda quero realizar aqui na Terra.

CAPÍTULO DEZESSEIS

UM VERDADEIRO ANJO DE LUZ NA TERRA

Conversando com uma grande amiga, falei que estava fazendo terapia com um psicólogo que era espírita, que estava sendo muito bom para mim, que ele compreendia o que eu estava vivendo, conseguia ter outros olhares que vão além da matéria e isso estava sendo essencial para a minha melhoria. Foi aí que ela me trouxe que a sua terapeuta havia comentado sobre um psiquiatra espírita.

Eu logo me interessei e pedi o contato dele. Eu já tinha a certeza de que iria conhecer esse médico, sem me desligar do psiquiatra que eu fazia tratamento naquele momento, pois eu estava em um sério processo desde que eu havia tido Síndrome de Burnout.

Agendada a consulta, lá estava eu prestes a conhecer o Doutor Ramon, médico da Associação de Médicos Espíritas, um reconhecido psiquiatra na região de Florianópolis.

Era um sábado à tarde quando eu entrei no seu consultório pela primeira vez e, por trás daquela mesa, mesmo estando no ápice de uma emergência mental, espiritual e psicológica, consegui ainda assim sentir uma energia de amor tão grande naquele olhar que é difícil descrever o que ele me passou apenas por me acolher.

Essa energia ressaltava por trás daquela máscara e, mesmo em pandemia, fui recebida com um abraço acolhedor, com palavras vindas de uma voz doce e serena que me faziam me sentir num lugar seguro.

Eu não tenho como me lembrar o que falei para ele naquela nossa primeira consulta, eu estava totalmente desequilibrada, prestes a surtar e, quem sabe, dali ser internada em algum hospital psiquiátrico.

Por saber que ele era espírita, me senti totalmente confortável para relatar o que vinha acontecendo comigo, sem medo nenhum de qualquer julgamento. Ele era uma fonte de esperança para que eu pudesse voltar a ter uma vida saudável em todos os sentidos.

Fez todas as perguntas necessárias para compreender o meu histórico antes de eu chegar até ele. Lembro-me de ele ter levantado algumas questões com relação a minha história de vida, da minha família. Me perguntou sobre as medicações que eu estava tomando. Recordo-me de vê-lo apavorado com a quantidade de remédios controlados que vinham fazendo parte dos meus dias.

Ali mesmo eu decidi que iria me tratar com ele, que iria me desligar do vínculo que eu tinha com outro psiquiatra e seguiria o que o meu coração pedia. Não sei como eu conseguia dar atenção ao meu coração diante do estado que eu me encontrava, a coisa realmente estava feia.

Aceitei que mexêssemos na minha medicação e iríamos começar algumas alterações bem lentamente para que eu pudesse ir me adaptando e não sofrer tanto com o desmame de alguns deles.

Ele me explicou que a primeira coisa a ser feita seria eu me acalmar, pois eu estava num estado em que os meus pensamentos estavam desgovernados, minhas ideias confusas e ele fez uma analogia perfeita para o momento.

Com a intenção que eu entendesse como estava a minha cabeça ele usou a seguinte situação: numa linha de trem existem os vagões organizados um atrás do outro e para que esse trem consiga chegar em qualquer destino, os vagões precisam estar alinhados, ligados, conectados na ordem certa. Assim são os nossos pensamentos, os "vagões" precisam estar alinhados, organizados, numa ordem que consiga fazer sentido um ao outro, se conectarem para conseguirem chegar a qualquer destino.

Receitou então uma medicação para me dar uma baita sossegada, sabendo que por alguns dias eu ficaria mais sonolenta, devagar, mas que depois iriamos diminuir essa dosagem e ir diminuindo cada vez mais chegar um ponto ao longo do mês em que eu estaria mais calma e consciente.

No mês seguinte, diminuímos mais. Mês a mês, gradualmente, ele foi diminuindo a minha medicação, excluímos algumas. Me orientou quanto ao que seria importante eu adquirir de conhecimento, a importância da terapia nesse processo e, principalmente, a continuar por um tempo com o meu Terapeuta Transpessoal, profissional que estava sendo essencial para a minha melhora.

Logo na segunda consulta eu conseguia sorrir, falar, ouvir, me comunicar com os "vagões" mais organizados.

Lembro eu entrando no consultório e ele de imediato ter percebido a minha melhora. Ah! Eu já estava também frequentando o centro espírita.

Ele demonstrava tanta alegria ao longo da minha melhora que era difícil de acreditar na tamanha amorosidade e compaixão daquele médico psiquiatra.

Humanizado posso dizer que é a o seu atendimento, a sua consulta. Tratando cada ser humano também como um ser espiritual que precisa ser acolhido independente da sua história e da sua crença.

Nossas consultas foram ficando mais espaçadas, ele se mudou para Tijucas uma cidade que fica há 1:30 de Florianópolis e as nossas consultas passaram a ser on-line.

Por fim ele estabilizou a minha medicação e seria essa que eu ficaria por mais um ano tomando, para que pudéssemos começar então outro desmame. Havíamos combinado de a cada 3 meses ele me passar receitas e assim seguiríamos.

ANJO DE LUZ

Você já deve ter ouvido ou dito algo nesse sentido: "Nossa! Tal pessoa tem uma energia tão boa" ou o contrário, ter ido a algum lugar e conhecido alguém que a energia não bateu.

As energias são reais na nossa vida, temos um corpo e um campo energético que faz parte de nós enquanto seres humanos que somos, mas não é sobre isso que vamos falar agora, o que vou falar é que a energia vinda do Doutor Ramon reluz intensamente, é muito amor, ele é uma ferramenta linda do amor de Deus aqui na Terra.

O Doutor Ramon possui uma aura branca gigantesca ao seu redor. São muitas camadas de cor branca incandescente que reluz ao redor do seu corpo. Ele é um ser de muita luz que reencarnou nesse momento para fazer o trabalho que vem fazendo, levando o amor e a caridade através da medicina, algo lindo e raro de se ver.

Na última consulta eu falei para ele que o livro iria começar a ser escrito, que eu tinha escrito algumas poucas páginas, isso no início de setembro passado, de 2021 e ele ficou imensamente feliz, disse que queria muito ler esse livro e que tinha a sensação de que iríamos nos encontrar muito ainda por aí, mas que seria em palestras. No dia fiquei um tanto inquieta com esse: "em palestras", mas procurei não pensar em nada, só fiquei feliz por ele não falar que seriam em consultas, sinal de que eu me libertaria de vez dos tratamentos psiquiátricos.

NÃO FAÇA O QUE EU FIZ
Já vivido o dia da Iluminação eu sentia alterações físicas, orgânicas acontecendo no meu corpo, surreal.

No mesmo dia após o episódio de toda transformação espiritual e iluminação, eu sentia como se células dentro do meu cérebro se movimentassem, era um movimento devagar, umas espécies de suaves estalos era o que eu sentia.

O que eu vou falar eu nem sei se é possível acontecer, estou falando a sensação que eu tinha, era como se transformações celulares acontecem dentro do meu corpo; vezes na cabeça, atrás dos olhos, no peito, na audição. Uma verdadeira loucura.

A Iluminação aconteceu dia 28/09, você já deve estar cansado de saber, eu já devo ter falado mil vezes enquanto escrevo, mas é que essa data é um divisor da minha vida, eu distingo os acontecimentos, as percepções, tudo, entre antes e depois desse dia.

E foi no dia 12 de outubro, dia de Nossa Senhora Aparecida que eu acordei e disse para mim mesma: "Eu não vou mais tomar esses remédios, eu não preciso mais deles". Falo dos 2 ou 3 tipos de remédios controlados que eu seguiria tomando por mais um ano até começar um possível desmame para quem sabe um dia me ver livre deles.

Eu já vinha há mais de ano falando para a minha terapeuta que eu achava que tomava remédio demais, que aquilo tudo não era necessário.

Foi então com o doutor Ramon disse que diminuímos *horro-res*, mas eu seguiria com esses por, no mínimo, mais um ano. E foi no dia de Nossa Senhora que eu ouvi uma voz que me dizia que eu não precisava de mais nenhum deles, nenhum!

Segui pensando, analisando, pois o meu médico de confiança me disse que eu deveria continuar e eu bem sei o quanto parar de tomar essas drogas de uma hora para outra impacta terrivelmente na saúde mental de um ser humano. O organismo está acostumado e cria dependência, não tem como zerar do dia para a noite.

Eu já passei muito mal *mesmo* quando precisei desmamar da Sertralina. Vivi dias terríveis e lembro-me de, naquele momento da minha vida, ter a maior empatia por um viciado em álcool, em qualquer outra droga. Quando se deseja parar, é uma abstinência terrível. Você acha que não vai conseguir viver sem aquilo.

O que eu fiz? A informação de que eu não precisava mais tomar nenhum daqueles remédios era uma verdade absoluta dentro do meu ser. Eu não tinha medo, dúvida, insegurança — *nenhuma, de absolutamente nada*. Uma voz me acompanhava dizendo:

— Você está curada, você não precisa mais tomar nenhum desses remédios.

Tomei a decisão em silêncio para não chocar e nem preocupar ninguém e para que nenhum julgamento tentasse interferir nessa escolha que eu havia feito naquela manhã. Não tinha como nada e nem ninguém me fazer mudar de ideia, era uma verdade única dentro do meu ser, mas só eu sabia o que eu ouvia e sentia, se a certeza era só minha para que eu iria falar para mais alguém?

Os remédios continuaram por algumas semanas na mesma gaveta onde eu os pegaria pela manhã para tomar. Eu tinha a certeza de que não iria tomar, mas preferi deixar ali por um tempo e sentir o que os dias iriam me dizer.

Passaram-se um, dois, cinco, sete, dez dias e eu não sentia nenhum mal estar. Era como se nada tivesse acontecido.

Passou um mês e então eu falei para as pessoas mais próximas e elas ficaram chocadas, não acreditaram no que eu fiz e que espantosamente eu não sofri nada de abstinência pela ausência de nenhum deles e nada aconteceu de diferente, nenhum mal estar, pelo contrário, cada dia eu ia ganhando mais disposição e me sentindo mais grata por não tomar NENHUM medicamento psiquiátrico depois de alguns anos.

Tempos depois eu marquei uma consulta com o Doutor Ramon pois eu precisaria informar isso a ele, eu sentia que deveria ser dito e com uma certa vergonha e receio eu falei por vídeo para ele que o que eu fiz não é o correto, que eu sei que deveria ter seguido suas orientações de eu seguir por mais um ano, mas que eu sentia que não precisava mais.

Nesse pé da história, não quis fazer ligação alguma ao que eu vivi quanto a Iluminação, que ele já tinha tido conhecimento lá no dia da palestra do Doutor Alejandro, aquela que eu paguei o mico das galáxias. Falei apenas o que senti.

Ele me questionou quanto a eu ter sentido alguma alteração,

sentido falta, alguma mudança e eu disse que nada, exatamente nada havia acontecido.

Nessa consulta em novembro, ele sabia que eu viria para Portugal no final do mesmo mês e me sugeriu vermos alguma forma de eu ter receitas comigo caso eu precisasse. Eu neguei. Tinha claro que não seria necessário.

Quase 7 meses depois de eu ter excluído todos os remédios, controlados ou não, o que eu tomo hoje em dia para me acalmar, quase que diariamente, são chás de camomila, cidreira, tranquilizantes naturais.

Evito cafeína, evito álcool, evito açúcar — *enquanto estou em Portugal, está meio difícil com tantas delícias!*

O que aconteceu? Depois que eu vivi a iluminação, sinto e tenho total certeza de que fui sendo curada de tudo que adoecia o meu corpo e a minha alma.

Fui curada da ansiedade, da endometriose e de tantas outras doenças inimagináveis e desconhecidas por mim.

Eu sinto que toda aquela luz que transcendeu o meu corpo levou embora tudo o que não me pertencia. Levou toda dor, todo incômodo, todo vazio, toda mágoa, toda insegurança, todo o medo.

Eu creio também que possa ter o dedinho de Nossa Senhora Aparecida, que deve ter me encorajado ainda mais e fazer essa escolha que, para mim, foi libertadora — de acordar e seguir meus dias, minha vida, sem precisar de nenhum remédio para viver bem comigo mesmo e com o outro.

Tatuei no meu braço, não à toa – O AMOR É A CURA.

CAPÍTULO DEZESSETE

A VISITA DO CIRURGIÃO

Fazia três dias que eu havia passado por toda transformação espiritual através da iluminação, e eu estava em casa lendo quando senti uma vontade imensa de me deitar um pouco no meu tapete da minha salinha onde eu estudava, meditava e orava. Senti que eu queria ficar quietinha por uns minutos, percebendo o que estava acontecendo no meu organismo, sentindo toda aquela imensidão de transformações que vinham acontecendo após aquela experiência luminosa.

Em poucos minutos, comecei a pegar no sono. Eu não costumo dormir à tarde, mas sabe aquele sono incontrolável que te leva para um lugar gostoso? Foi o que aconteceu. Por ali fiquei uma meia hora e, num susto, acordei e nitidamente vi onde eu estava e o que estava acontecendo. Não era um sonho, foi um desdobramento, eu estava espiritualmente em outro lugar.

Eu abri os meus olhos e ainda sentia a presença de um cirurgião que estava posicionado sobre mim, como se eu estivesse numa maca — na verdade, eu estava em uma.

O lugar parecia um centro cirúrgico: as luzes, os tons de verde claro... Ele usava máscara, toca, jaleco e uma roupa clara. Estava trabalhando sobre a minha barriga.

Eu saí daquele lugar acordando num susto, sentindo um sono absurdo e profundo, que me fez ir para o quarto. Deitei-me na minha cama onde dormi pesado por mais de duas horas até eu ser acordada pela Roberta, que me chamou, pois sabia que eu retomaria as aulas práticas de yoga minutos depois.

Fui direto para a aula de yoga, sonolenta e com uma sensação de dormência como se ainda estivesse meio anestesiada. Contudo, estava bem.

Passaram-se alguns dias uma voz dentro de mim me dizia que eu havia sido curada, que eu não sofreria mais com as dores crônicas que eu sofria através da endometriose, que eu não precisaria mais passar por cirurgias, que eu não iria mais passar pelo que passei diante das crises, em que eu vivia tomando morfina, sempre correndo para a emergência do hospital.

Ali, dias depois a essa cirurgia eu tive a certeza de que essa doença não seria mais um problema na minha vida e eu teria escolhas a fazer diante disso, mas que o sofrimento não existia mais.

ENDOMETRIOSE

Me comparando com as minhas amigas, posso dizer que menstruei meio tarde. Tinha 15 anos e elas ficaram "mocinhas" entre os 11 e 13 anos de idade.

A minha mãe costumava me deixar meio constrangida quando elas iam lá em casa, ela era muito espontânea, falava o que precisava ser falado e isso, às vezes, me fazia ficar roxa de vergonha:

— Vocês sabiam que a Shirley ainda é menina? Ela não pode beijar, porque ainda é criança.

Ela adorava brincar com a minha situação, mas eu beijei com 13 anos, menina ainda.

Eu nunca tive muitas cólicas até os meus 26 anos, por aí. As coisas mudaram e uma dor absurda passou a ser parte de praticamente 15, 20 dias do meu mês.

As dores se intensificavam com o passar dos anos e as cólicas passaram a ser "mortais". Eu passei a descrever minha dor como uma dor de parto normal, mesmo eu não sabendo o que seria isso, por eu não ser mãe. Mas eu descrevia dessa forma por que eu sentia como se estivesse sendo arrancado a ferro algo pelo meu canal vaginal. Era uma dor que irradiava desde meu útero, ovário, intestino, chegando até na minha musculatura pélvica.

Eu deveria ter meus 30 anos quando através de uma matéria

do Drauzio Varella chegou até mim as descrições do que sentia uma mulher com endometriose. Era o que eu tinha, não restavam dúvidas.

Eu já tinha procurado diversos ginecologistas, feitos os exames, não era nada, estava tudo bem. Até que uma cliente da loja de sapatos que eu era gerente me falou que a sua filha passava por isso e que havia descoberto uma médica maravilhosa, especializada em endometriose. Pronto! Fui logo marcando com a Doutora Luiza.

Dias depois eu estava fazendo um exame 3D, que mostra detalhes que os outros todos não mostravam. Esse exame apresentaria se existia ou não focos de endometriose dentro de mim. E se tinha? Estava tomado.

Lembro-me na primeira consulta, ela fazendo toda a anamnese e me perguntando como era para eu evacuar, se doía alguma coisa e eu respondi: "Claro! Muito. Principalmente quando estou menstruada."

Eu já vinha há quase 5 anos sofrendo mensalmente, com dores absurdas que me tiravam do ar.

Eu olho para trás e vejo o quanto fui forte por conseguir conciliar um trabalho que exigia tanto de mim, com essa dor intensa. Sem contar o quanto exigiu amor e paciência das pessoas que estavam ao meu lado. Sou eternamente grata.

Cirurgia feita, uma laparoscopia que fez *uma limpa* em tudo dentro de mim. O impossível havia acontecido, eu segui vivendo sem dor alguma, eu já nem sabia mais o que era isso, voltei a viver, era surreal.

Anos se passaram e lá veio tudo de novo, aquela dor que me embaçava a vida retornou, ainda mais arrebatadora.

Nesse momento, já trabalhava nas lojas Kanto A. Eu estava há poucos meses, querendo mostrar trabalho, fazer diferença, afinal, eu havia assumido um cargo que ainda não existia na empresa e eu precisava mostrar o quanto impactaria nos resultados, no desenvolvimento das equipes, nas vendas.

Eu querendo ter energia e disposição para criar, movimentar, engajar, trazer resultados e as minhas dores só aumentavam, dessa vez não precisava eu estar menstruada, era algo terrível.

Comecei a ter desmaios. Os remédios da farmácia já não me ajudavam mais, passei a ir para a emergência do hospital com muita frequência para tomar Tramol e Morfina na veia a fim de conseguir lidar com aquela dor perturbadora.

Voltei a médica, fizemos novos exames, mas dessa vez nenhum foco aparecia. Mas o nível da dor era tão absurdo que estava me incapacitando, então eu optei por fazer a cirurgia novamente mesmo ela me dizendo que era 99% de probabilidade de não ter nada ali.

Feita a cirurgia, particular, diga-se de passagem, e eu sem dinheiro para todo aquele montante, mas Deus é tão maravilhoso que apareceu um anjo para me emprestar em mil parcelas o valor necessário.

A Doutora Luiza Guedes tinha razão, não tinha muito o que ser feito, apenas uma mínima suspeita de foco que ela tirou. Mas ainda assim eu segui animada pois poderia ser essa mínima aparição, a responsável pelo meu sofrimento.

Eu senti de trazer um pouco aqui nessa parte da escrita sobre a endometriose, justamente por saber o quanto essa doença, que é mais comum do que se imagina, ainda é tão difícil de ser diagnosticada e tratada. E o fato de eu ter recebido um diagnóstico surpreendente quando as dores retornaram apenas 3 meses após a segunda cirurgia, foi o principal motivo de eu querer falar sobre isso por aqui.

Em resumo, nas buscas incessantes por um diagnóstico, cheguei a uma ginecologista, obstetra e sexóloga: doutora Jucimara Souza Steglich.

Foi a Doutora Juci que me trouxe um possível diagnóstico,

que poderia ser algo na musculatura pélvica. Ela me encaminhou para uma fisioterapeuta pélvica que, até então, eu nem sonhava que existisse.

Lá fui eu, cheia de esperança ver a *fisio* que salvou a minha vida, que me trouxe a paz, antes da cura: Lucielle Kirtz.

Por eu sofrer anos a fio com tanta dor no canal vaginal, os milhões de nervos que temos nessa parte do canal pélvico, se contraíram e digamos que eu estava com um "torcicolo" contraído ao longo de anos e absurdo, em toda musculatura do assoalho pélvico, todo canal vaginal e isso não aparecia em exame algum, lógico.

Começamos então um tratamento com encontros semanais. Era muito mais do que uma sessão de fisio pélvica, era muito amor envolvido da parte dela, que me acolheu e me ajudou a criar consciência do meu corpo sem dor.

Foi com a ajuda dessa profissional fantástica, dessa mulher maravilhosa, humana, amorosa e com tanto conhecimento na área, que eu voltei a viver definitivamente sem dor.

Eu reaprendi, por meio dos ensinamentos dela e dos exercícios de fisioterapia pélvica, a caminhar, a me sentar, a respirar de forma a não me contrair.

Depois de uns 6 meses o "impossível" aconteceu, eu mudei minha mente para mudar o meu corpo e os nervos se soltaram, os músculos relaxaram e eu voltei a viver.

Isso já faz 3 anos. Nos primeiros meses de alta, continuei fazendo em casa os exercícios, deitada para dormir, no banho, caminhando, até o meu cérebro entender que não tinha mais dor e que eu podia viver solta, andar leve, sem contrações, sem medo de nada.

Eu senti que seria importante trazer um pouco mais sobre o meu processo com a endometriose porque ainda hoje eu ouço relatos de "amigas de amigas" que detalham essa dor e desconforto desumano e acham que é normal passar por isso e continuar sofrendo.

Existem diversas formas de amenizar esse sofrimento e é preciso pedir ajuda. Por muito tempo, mudei meus hábitos alimentares, incluí atividade física na minha rotina, encontrei profissionais que puderam me ajudar a voltar a viver — de verdade, voltar a viver! Porque aquela dor frequente, desumana e intensa que nenhum remédio ameniza, tira totalmente a qualidade de vida e a energia para viver, vai lá para o pé.

Se você conhecer alguém e sentir no seu coração, compartilhe pelo menos essa parte da história. Somos todos um e procurando a diminuir o sofrimento do outro, estamos diminuindo o nosso sofrimento.

CAPÍTULO DEZOITO

O QUE JESUS FARIA?

Um dia de cada vez é o que eu procuro viver. Escolhi duas frases como mantra para a minha vida.

Eu me entrego e confio, porque é assim que eu me sinto. Confio tanto na força divina, confio tanto nos projetos de Deus para cada um de nós, visando sempre a nossa evolução para um lugar onde vivamos o amor, a caridade, a paz e a bondade!

A outra frase vai bem de encontro com a primeira: *que seja feita a Vossa vontade*, pois os iludimos com nossos desejos para o futuro, para os nossos projetos. Acontecerá o que for da vontade do Pai e nada mais.

Sinto forte em meu coração que tudo isso aconteceu na minha vida para que haja uma contribuição para novos olhares sobre diversos conteúdos, como os diversos níveis de consciência, sobre a meditação no Ocidente, sobre a cura através da Busca Interior, sobre o Espiritismo, sobre a nossa evolução espiritual, sobre tudo o que vai além do corpo e da mente.

Percebo que existe uma grande deficiência na evolução da filosofia espírita, que precisamos nos unir, unir novas informações, novas mensagens e percebermos que os tempos já não são mais os mesmos, que o ritmo já não é mais o mesmo e que nós evoluiremos também em outro ritmo e não há tempo para muitas explicações.

Outra questão importante que eu percebi em visitas a centros espíritas neste último ano, foi um distanciamento enorme de Deus, de Jesus para conosco. Como se eles fossem inacessíveis, como se querer ser semelhante a eles fosse algo surreal, como se pensar assim é ser presunçoso demais, querer agir conforme Jesus agiria é uma fala que demonstra audácia, "achismo" demais, pois "ninguém será como Jesus", "ele é perfeito e acharmos que seremos perfeitos, isso não existe", ouvi isso num centro espírita.

Mas onde entra que Jesus quer que todos alcancemos o Reino dos Céus, ele quer e acredita junto do seu Pai que todos nós possamos viver o amor, propagar o amor, viver no amor e na caridade? Como viveremos isso se não o tivermos como exemplo e acreditarmos ser possível evoluir e melhorar dia a dia?

Eu não estou dizendo aqui que vamos todos virar Jesus do dia para a noite, não é isso. Mas ele é o grande mestre e quer que seus discípulos continuem propagando o amor e o bem também agora, não só na sua época.

A hora é agora, podemos todos sermos discípulos de Jesus, levar o amor e a luz de Deus ao mundo, por onde formos, mas para isso precisamos encontrar a nossa luz, vivermos inteiramente com na nossa essência, nossa verdade, que é onde conseguimos ser amor inteiramente.

Temos hoje a possibilidade de evoluir em vida, não deixando para as próximas encarnações o que podemos fazer agora: o nosso desenvolvimento moral e espiritual.

A hora é agora! É chegada a hora! Não à toa ,tanto despertar vem tocando o coração das pessoas neste momento, agora em 2022.

Muitos são os chamados, poucos os escolhidos.

Se você sente um chamado, um despertar, um desejo de fazer o bem, de andar na luz, de levar o amor, acredite! Siga na sua busca interior sem desistir do seu primeiro propósito: a libertação das dores, do ego e do apego material. Em seguida, tenha certeza de que a espiritualidade estará presente guiando você pelo caminho de luz que a vida lhe reserva.

Numa visita a um Centro Espírita, fiz uma pergunta a uma senhora que conduzia a noite de estudos, ela tinha os seus 65 anos, baixinha, de cabelos brancos, sem muita vaidade. Demonstrava muita experiência como médium na casa, falou algumas vezes que estava ali há mais de 20 anos.

Pois bem, vamos a minha indagação:

— Se Jesus diz que somos imagem e semelhança dele, se buscamos viver no amor, na bondade, na caridade, fazendo o bem, olhando para o outro com compaixão, com perdão, se buscamos viver dentro da verdade de Jesus, vivemos com Jesus dentro de nós. Isso faz sentido para a senhora?

— Isso é impossível. Só Jesus é perfeito, só Jesus é amor e caridade, só Jesus é bondade. Ninguém se compara a Jesus. Dizer que Jesus vive dentro de si, não existe. Somos pecadores e ainda vai demorar muito para que a gente evolua e possa dizer isso.

Eu segui:

— Mas tudo o que ele mais pede é que sejamos sua imagem e semelhança, é a vontade dele, é tudo o que Ele quer para que possamos viver no reino dos céus, que nada mais é do que viver no reino da caridade, e ainda aqui na Terra. Como isso é impossível se é a vontade dele?

O que era apenas um assunto a ser discutido saudavelmente, virou quase uma guerra entre todos os participantes daquela reunião. Eu não estava querendo trazer verdade absoluta alguma, foi um assunto que eu senti forte de trazer para refletirmos, mas fui julgada por eu acreditar que é o que Ele quer de nós e que se nós não acreditarmos, o mundo não evoluirá, como é da vontade de Deus.

Minha visita ao centro espírita foi para causar polêmica, inconscientemente, claro. Levantando questões tão claras dentro da doutrina de Jesus, percebi que o grupo acreditava ser algo distante procurar viver conforme Ele viveu — lembrando que Ele é o nosso maior exemplo a ser seguido.

Eu não estou falando em não cometer mais pecados, estamos num mundo material e sabemos o quanto isso é quase que impossível, mas digo em procurar viver dentro das leis de Deus, do amor, da bondade, da caridade.

Se buscamos viver as leis divinas, se sabemos quais são, temos a oportunidade de evoluir em vida e não esperar para todas as outras próximas encarnações.

Uma senhora que participava do estudo se incomodou muito com o que eu dizia. Na minha tranquilidade, apenas provoquei uma reflexão e ela olhou para mim e disse que já foi ansiosa como eu, que eu estava falando coisas impossíveis de acontecer, que só Deus é amor e bondade, que nós estamos longe disso, que isso era presunção, que eu não sabia o que eu estava falando.

Me questiono:

— O que eu busco num centro espírita ou em qualquer religião se eu não acredito ser possível eu me tornar um ser humano melhor?

Nós temos a escolha de nos questionarmos em cada segundo dos nossos dias, em cada passo dado, em cada relacionamento.

O que Jesus faria nessa situação?

Qual atitude Jesus tomaria?

CAPÍTULO DEZENOVE

MOVIMENTAÇÃO PARA PORTUGAL

Em agosto do ano passado a Roberta parou em casa para almoçar com a sua sócia e nossa amiga Jerusa, num dia comum de entregas e colocando os pés dentro de casa ela olhou sério para mim e fez a seguinte pergunta: "Vamos morar em Portugal?"

Sem hesitar ou perguntar nada, respondi:

— Vamos! Quando?

Ela riu olhando para a Jê dizendo:

— Eu não te falei? Eu já sabia que ela já estaria com a roupa de ir.

Seguimos almoçando e conversando o sobre o assunto. Quando elas pensavam em ir, como as duas tinham empresa juntas e eu não tinha vínculo com nenhuma empresa e ninguém, isso não dependeria de mim, eu estava por elas. Chegaram então à conclusão de que maio do ano seguinte, de 2022, seria uma boa data. Já teria terminado o contrato do aluguel do apartamento onde morávamos e elas teriam tempo suficiente para analisarem o que fazer com relação a situação da empresa em que eram sócias.

Para mim já estava tudo certo e para elas também, íamos vendo as coisas com o passar do tempo, tratando do assunto quando surgissem oportunidades e optamos por manter sigilo quanto a esse plano, não comentando com amigos e família.

POR QUE NÃO ANTES?

Em outubro, enquanto tomava banho — *no banho eu costumo fazer diversas reflexões, tenho intuições —*, ouvi uma voz que me instigou a pensar a respeito:

— *Por que não antes?*

Eu olhei para aquele "voz/pensamento" e procurei entender

o porquê dessa pergunta, pois eu não estava com pressa alguma vir para Portugal, de me mudar, nada era mental ou racional da minha parte que estava trazendo aquele questionamento.

Hoje, depois de me conhecer muito melhor e conhecer como a espiritualidade vem agindo na minha vida eu entendi que era um sussurro do meu mentor me pedindo que esse assunto viesse à tona.

No dia seguinte no café da manhã, lembro de ser um domingo pois em seguida fomos nos arrumar para ir ao aniversário do Davi, meu sobrinho do coração, filho da minha amiga/irmã Andresa. Nessa manhã eu trouxe para a Roberta o que eu havia "pensado", falei que parecia uma voz me perguntando sobre isso e eu senti vontade de compartilhar esse assunto para que juntas pudéssemos refletir a respeito: "Por que não antes?"

Fui trazendo essa possibilidade de começar a nos movimentarmos para vir antes para Portugal. Levantei diversas situações que poderiam ser alteradas para que a energia começasse a ser gerada para uma possível antecipação dessa vinda para cá.

Eu trouxe o quanto ela estava insatisfeita profissionalmente, que trabalhar com o que vinha trabalhando já não estava a deixando mais feliz fazia algum tempo e que estender esse prazo por mais tempo ainda, algo em torno de 8 meses, apenas por conta de não ter que pagar uma multa pelo cancelamento do contrato do aluguel, era algo a ser analisado até onde valeria a pena.

Seguimos analisando, fazendo nossas reflexões e ela me trouxe que gostaria de morar em Lisboa, mas que por ser uma capital as coisas poderiam ser mais difíceis e que o fato de não termos ninguém além dos meninos, do Jorge e do Edison, era algo a se preocupar. Que o fato também e ser uma cidade com o custo de vida mais alto, que não seria assim fácil achar uma casa para morar com um preço que pudéssemos pagar de início e tal.

Ouvindo atentamente me veio que para que pudéssemos começar a nos movimentar para morar em Portugal, em Lisboa mais necessariamente, quem sabe de início poderíamos nos instalar no Porto, por termos família lá – parênteses, é uma família de amigos do coração: pai, mãe, filhos, nora, genro, netos que eu conheci no Brasil em 2012 quando fui até Balneário Camboriú, morei por lá por 9 meses e tudo o que eu lembro claramente do período que morei lá, foi tudo o que vivemos juntos e eu tenho a certeza absoluta de que fui até lá para conhecê-los, o futuro mostra isso a cada instante.

Pois bem, falei que poderíamos conversar com a Célia, a mãe, que nos dois anos anteriores que os visitamos em férias, tanto ela quanto o Paulo, seu marido e meu grande amigo, disseram que o nosso quarto estava pronto para que pudéssemos nos instalar assim que chegássemos para morar ali no Porto, que esse dia iria chegar, que não faltaria muito.

Chegamos então ao consenso de que poderíamos começar a nos movimentarmos para ir para o Porto e lá, instaladas, olhar trabalho, olhar moradia aqui em Lisboa e, no tempo certo, se fosse para vir para cá, viríamos.

No mesmo dia, a caminho do aniversário do Davi, peguei o celular e fiz uma ligação de vídeo para a Célia aqui em Portugal e relatei toda a nossa reflexão, relatei a respeito do: "Por que não antes?". Foi quase uma hora de conversa e já estava tudo certo, poderíamos começar a nos mexer para ficarmos instaladas lá o tempo que fosse necessário, contribuindo, claro, com o aluguel deles, com as despesas da casa, alimentação e tudo mais.

Foi dada a largada! Foi o que eu senti nesse dia. O universo já estava sabendo que estávamos abertas a irmos antes, que já não existia mais nada preso ou amarrado apenas a maio de 2022, as possibilidades e os caminhos estavam mais flexíveis depois da longa conversa que havíamos tido naquela manhã e que depois de desmistificar diversas inseguranças e receios, as decisões seriam mais fáceis de serem tomadas pois diversas crenças que estavam nos limitando, foram desmistificadas e diluídas através de longas conversas.

Os dias seguiram mais abertos para que o Universo quisesse nos apresentar para essa nova vida.

"QUERO FAZER UM MESTRADO"

Creio que menos de dez dias depois dessa nossa conversa eu senti vontade de pesquisar a respeito de mestrados em Portugal dentro da área da Espiritualidade.

Peguei o computador e lendo a ementa de todos os que me interessavam, o que abordava cada um eu cheguei até um que muito me interessou, um Mestrado em Ciência das Religiões da Universidade Lusófona de Lisboa, seriam 2 anos, 2 semestres de unidades curriculares com aulas presenciais e 1 ano de tese, as disciplinas eram do meu total interesse e imagina, eu iria conhecer a fundo as mais antigas e principais Religiões do mundo, isso me fascinou.

Eu nunca quis seguir carreira acadêmica, mestrado, doutorado e tal, mas era um Sentir forte dentro de mim, de que eu deveria buscar informações a respeito e tentar uma vaga, assim o fiz, comecei a me movimentar, fui atrás dos trâmites para essa candidatura. Ah! Detalhe importante, o curso era em Lisboa e não no Porto como estávamos levantando a hipótese de seguir por lá. Mas eu não deixei que essa informação fosse me impedisse se tentar entrar nesse mestrado.

Em poucos dias eu estava elaborando a minha carta de candidatura para que a universidade pudesse avaliar o porquê do meu desejo em ingressar naquele curso e dias depois eu recebi um e-mail da secretaria do curso pedindo que eu agilizasse a documentação pois as aulas já haviam começado.

Como assim? Então, foi bem o que eu pensei. Levei um choque com essa informação, mas nem falei nada para ninguém pois eram muitos os documentos que eu precisaria providenciar em pouco tempo e eu não iria trazer essa informação sem que as coisas já estivessem mais engatilhadas.

Eu havia conversado dias antes desse e-mail com a Roberta sobre uma situação que a minha terapeuta me trouxe, como ela já fez mestrado por aqui também, me falou que seria provável que as aulas começassem em janeiro (estávamos em outubro nesse momento), então achei importante falar dessa possibilidade, pois caso eu fosse aprovada eu teria que vir antes delas. Eu viria em janeiro, mas depois que a secretária me disse que as aulas já haviam começado, eu teria que partir já em novembro.

O Universo, Deus, a Espiritualidade realmente queriam que eu estivesse aqui no final de novembro, pois as documentações que levariam de 7 a 15 dias para ficarem prontas — e me fariam perder a data para vir —, ficaram espantosamente prontas em 2 dias. Aconteceram coisas nesses dois dias que só o fluído da fé e a ajuda dos Céus para que tudo estivesse nas minhas mãos para eu dar continuidade no processo!

Carta aprovada pela universidade, os documentos foram todos corretos e não precisaria de mais nada, apenas que eu estivesse aqui para começar a estudar.

Conversamos muito sobre isso, ela me perguntava se eu iria mesmo viajar com tanta antecedência, se eu precisava começar esse mestrado naquele momento mesmo, se eu não poderia esperar para quando viéssemos juntas como planejado e principalmente me perguntava como eu iria comprar uma passagem assim tão em cima da hora sem ter ao menos dinheiro para pagá-la.

Detalhe, eu não tinha dinheiro para pagar a mensalidade do mestrado, para pagar o aluguel daqui, para comer, para me deslocar, eu não tinha dinheiro para nada além das minhas despesas mensais no Brasil para mais 1 mês e meio.

Ela sabia de tudo o que a Espiritualidade havia me orientado em março do mesmo ano de 2021 e uma das coisas que eu precisava acreditar para que eu seguisse vivendo no caminho que eu tanto desejava, que era fazendo o bem de alguma forma, que eu pudesse viver levando o amor e a luz que habitam em mim, falando sobre o amor e a luz de Deus, ela sabia que eles haviam me instruído, repito mais uma vez por aqui:

— Acredite!

— Não tenha medo!

— Ouça a voz do seu coração na tomada de decisões.

— Siga a sua intuição.

— Não se preocupe com dinheiro.

— Dê atenção a sua Espiritualidade.

— Comece a escrever a sua história, ela vai ajudar muitas pessoas a não perderem as suas vidas.

E no dia 28/09/22, no dia em que vivi o meu processo de Iluminação Espiritual, eu questionei o meu mentor quanto a questão do dinheiro. Que eu havia entendido claramente a orientação da espiritualidade e vinha seguindo, com relação a não me preocupar com aquilo.

Eu vinha seguindo com esse mantra e graças a isso consegui evoluir tanto nos últimos meses, me encontrar cada vez mais pessoalmente e espiritualmente e que sentia estar cada vez mais perto de eu me tornar uma discipula moderna de Jesus, falando do amor e da luz de Deus, nosso Pai por onde eu for ou através desse livro. Mas mesmo com tanta confiança e entrega eu tinha claro que o dinheiro estava de verdade acabando.

Naquele momento, eu tinha R$ 2.800,00 na minha conta que daria para as despesas do mês sobrando uns R$ 400,00 para eu ver como faria para pagar a do mês seguinte.

Repito, ali era um papo real. Eu, como ser espiritual, estava certa das orientações da espiritualidade, mas voltando para a vida de ser humano que vivo, existe uma realidade e eu precisava olhar para isso com mais atenção ao pé da história. Com quem eu iria conversar? Com quem me orientou.

Num tom firme de voz, ele se posicionou diante do assunto:

— Preste atenção no que eu vou te dizer agora: você só precisa se preocupar com duas coisas, escrever o livro e estudar a Espiritualidade. O restante não é com você, a espiritualidade já está cuidando de tudo.

Pois bem, a Roberta sabia que eu vinha procurando viver com essas instruções trazidas pelo meu Mentor e que mesmo naquele momento, às vésperas do dinheiro acabar, eu estava totalmente segura de que era para comprar a passagem e vir.

O meu coração dizia que era para vir, a minha intuição dizia também. Eu sentia intensamente que era esse o caminho a ser seguido e era dessa forma que eu vinha vivendo meus dias desde que fui orientada pela espiritualidade, e tudo vinha se encaminhando na direção dos meus objetivos. Como eu poderia agora fechar os olhos para isso e tentar agir pela razão?

Eu não tinha como fazer isso, como deixar de vir na hora que eu sentia que era para estar aqui. Eu estaria indo contra tudo o que a Espiritualidade havia me orientado para alcançar o que eu tanto sonhava que era viver levando o amor.

Eu não poderia me trair. Se eu não comprasse essa passagem e não viesse para cá quando o meu coração dizia que era para vir, era como se eu estivesse dando passos para trás nessa jornada que eu aceitei seguir, de ser uma humilde parceira de Jesus na continuação da divulgação do amor de Deus.

Comprei a passagem parcelada em 4x no cartão e segui pelos próximos dias até a data da viagem organizando tudo — principalmente o que seria vendido para podermos entregar o apartamento. Em poucos dias, os móveis já começaram a ter outra morada, roupas já tinham outro guarda-roupa, louças, quadros... Tudo foi saindo daquele lugar para que pudesse abrir espaço para o novo em nossas vidas.

Ah! Lembrei-me de mais um episódio importante com relação a não me preocupar com dinheiro e seguir o que o meu coração e a minha intuição me dizem.

O meu computador não viveria mais muito tempo, velho, acabado e dando pane vez ou outra. Eu já havia comprado ele usado há bastante tempo, mas vinha quebrando um bom galho.

Pedi então pedi ajuda do Dudu, meu amigo, para que eu pudesse escolher uma boa máquina.

O Dudu era meu ex-chefe, sócio e irmão da Fê e tinha se tornado nos últimos tempos uma referência masculina quando eu precisava pedir dicas e trocar ideias quanto a escolhas, decisões.

Lembro-me de ter enviado o link de alguns modelos que eu havia me interessado para ele opinar e ele me falou de um notebook novinho que ele tinha comprado para a empresa e que poderia me vender. Especificou a máquina e eu por confiar cegamente nele, aceitei e acabamos negociando e vendo uma boa forma de pagamento para que eu pudesse dar conta de pagar.

A compra do computador foi dias antes da passagem, ou seja, eu comprei uma máquina de uns R$ 8.000,00 sem ter dinheiro e nem saber de onde viria para pagar, eu só sabia que eu precisava dessa máquina para trabalhar na escrita do livro e a certeza de que iria aparecer uma forma para eu pagar. Eu jamais iria comprar algo se existisse a possibilidade de eu ficar devendo. Existia a certeza ABSOLUTA de que as coisas iriam se ajeitar e que todas as decisões que eu estava tomando eram as que deveriam ser feitas.

Gente, é engraçado olhar para trás e ver o quanto a coragem tomava conta de mim a todo instante, assim como a certeza de que eu precisava me entregar e confiar de que eu estava fazendo as escolhas certas.

CAPÍTULO VINTE

SE EU VERDADEIRAMENTE TIVESSE ME ENTREGADO

Lembrei-me agora de um dia em que eu liguei para a Beta, uma amiga querida, mais madura do que eu, uma lindíssima e jovem senhora dos seus 70 anos. Nós trabalhamos juntas nas lojas Kanto A por quase 4 anos, o suficiente para um grande laço de amor ter sido criado entre nós duas.

Pois bem, liguei para ela e falei da história do mestrado e que eu andava pensando no dinheiro que estava acabando e que, vira e mexe, me perguntava:

— Como vou fazer esse mestrado em Portugal se o dinheiro está acabando?

Enquanto eu conversava com ela me veio uma reflexão e eu dei um "tapa na minha cara", compartilhei com ela:

"Beta, eu falo tanto que me entrego e confio, tenho usado tanto essa frase nos últimos tempos, mas se eu realmente me entregasse e confiasse eu não estaria preocupada de onde viria esse dinheiro, eu saberia que ele viria e pronto".

Essa conclusão enquanto conversávamos foi essencial para que eu parasse de me preocupar e não gerasse mais nenhum fluído de preocupação ou insegurança, o dinheiro viria.

Eu já havia comprado as passagens, já estava tudo certo para o mestrado e eu comecei a me movimentar para uma mudança de país que havia sido consideravelmente adiantada.

Começamos a colocar preço em tudo o que havia dentro de casa; móveis, loucas, roupas de cama, objetos pessoais, exatamente tudo. Segui os dias até o dia da viagem participando apenas do começo daquele desapego todo que decidimos fazer para começar uma vida nova.

Eu já vinha ao longo do ano me desapegando de roupas, sapatos, bolsas, acessórios que ficavam parados por longo tempo entre uma usada ou outra. Eu doei para instituições, para amigas, vendi para brechós com propósitos sustentáveis que eu acho super bacana, por fim quando eu fui ver o que viria ou não na minha mala para esse tempo em Portugal, não foi nada difícil definir, por que vamos supor que eu tivesse 400 peças quando trabalhava no varejo, naquele momento se resumia em apenas 30.

Todos os meus bens materiais acumulados nos meus 41 anos de vida ficaram em duas malas, uma de 23 kg e uma de 10kg, levando em conta que muito era volume pois eu sempre sofri muito com dor nos pés então eu trazia uns 4 pares de tênis bem confortáveis e outra boa parte do peso eram os 20 livros que eu trouxe comigo.

Bem, nesse espaço de tempo até o dia da viagem um dia eu senti vontade de ligar para a Beta, uma grande amiga que eu fiz trabalhando nas lojas Kanto A, ela era uma das gerentes e uma das pessoas mais justas que eu já conheci, uma lindíssima e jovem senhora dos seus 70 anos.

Já fazia um tempo que estávamos trocando mensagens pelo whats, mas desde que eu havia adoecido e saído da empresa, nós não tínhamos mais conversado e então eu liguei para ela.

Foi uma conversa gostosa, estávamos com saudades. Contei para ela a história do mestrado, que eu estava vindo morar em Portugal e ela me perguntou como estava a minha situação financeira, como eu estava me organizando e eu falei a realidade, pois já fazia 1 ano e 2 meses que eu havia saído da empresa e que eu já havia usado todas as minhas economias, tendo dinheiro para menos de dois meses de despesas, diga-se de passagem, no Brasil, em real, sendo que eu estaria vindo fazer mestrado e morar em Euro – CORAGEM!

Quando eu olho para trás, parece que eu estou vendo um filme e o personagem não sou eu. Essa mulher que se entrega para o que sente, para o que intui, para o que fala o seu coração e segue com coragem sem duvidar em momento algum que está tomando a decisão certa, mesmo que isso vá contra o que tudo e todos considerem a respeito... Mas sim, essa mulher sou eu e a cada dia tenho mais clareza de que essa nova forma de viver é fluída, é como tem que ser.

Eu sei que essa entrega, essa coragem não nasce do dia para a noite, não vem do nada. Para mim Deus agiu de forma especial na minha vida, colocando na minha frente as ferramentas, os mapas, a direção e eu por sentir o seu amor, sentir a presença da sua luz desejando me guiar, não questionei em momento algum, aceitei todas as novas habilidades entregues a mim para que hoje eu possa viver verdadeiramente entregue e confiante de que o nosso caminhar enquanto ser humano pode ser tão orgânico quanto a vida de um pássaro, que todos os dias sem a certeza de nada segue naturalmente a sua vida.

Eu vivo hoje a certeza de que estou no caminho certo e que seguir essas instruções que vem de dentro de mim é algo cada vez mais natural — e é assim que devemos seguir a vida, buscando dentro da gente as direções e as respostas para exatamente tudo o que precisamos agir.

Eu penso que, se estivesse vendo de fora uma amiga falando essas coisas e agindo dessa forma, eu a julgaria como louca. Iria achar que ela anda tomando muito canabidiol e, por isso, tem olhado a vida dessa forma. Mas não, é só uma nova consciência adquirida.

TAPA NA MINHA CARA

Pois bem, acabei dividindo com a Beta uma preocupação que vez ou outra vinha na minha cabeça; que o meu dinheiro estava acabando e que eu me pegava pensando: "Como vou fazer esse mestrado em Portugal se o dinheiro está acabando?" Naquele exato momento eu fiz uma reflexão que foi um verdadeiro "tapa na minha cara" e eu compartilhei com ela no mesmo instante:

"Beta, eu falo tanto que me entrego e confio, tenho usado tanto essa frase nos últimos tempos.

Na verdade, um dia em oração, em profunda meditação eu ouvi uma voz masculina que me disse isso, que eu me entregasse e confiasse, mas naquele momento Beta, eu nem lembrava ou sabia que existe um mantra que vi estampado depois por ai que diz: aceito, agradeço, me entrego e confio. E eu Beta, estou aqui pregando que entrego e confio, que nada! Se eu verdadeiramente me entregasse e confiasse que será feita a vontade de Deus eu não estaria preocupada com nada, eu apenas seguiria."

Essa reflexão ou sussurro da espiritualidade — vai saber! —, foi essencial para que eu parasse de me preocupar com o dinheiro que eu precisaria em breve e seguisse sem gerar mais nenhum fluído de preocupação, de dúvida ou de insegurança. O dinheiro viria e ponto!

CAPÍTULO VINTE E UM

VOCÊ JÁ TEM TUDO PARA ESCREVER ESTE LIVRO

. No dia 24 de novembro de 2021, desembarquei aqui em Lisboa, Portugal.

Eu olho para trás e percebo que, desde que essa movimentação para adiantar a minha vinda para essa cidade começou, foi como se eu tivesse sido colocada dentro de uma bolha e um fluído me conduziu até o dia em que eu botei os meus pés aqui no aeroporto.

E de alguma forma, isso aconteceu desde que uma voz me disse em outubro:

— Por que não antes?"

As coisas foram acontecendo, sendo conduzidas de uma maneira muito fora do comum.

Uma sensação de que "sopros" me conduziram para que eu estivesse aqui no final no final do ano... Detalhe: eu estivesse sozinha, eu precisava estar sozinha.

Logo depois, essa sensação foi confirmada por mim e essa certeza se tornou absoluta diante de tudo o que foi acontecendo no decorrer dos dias aqui em Portugal.

SENDO PRÁTICA – necessidades da vida humana.

No dia seguinte eu já estava com o meu NIF em mãos, uma espécie de CPF para fazer qualquer coisa por aqui, abrir conta, me movimentar enquanto moradora. Meus amigos Jorge e Edison que me acolheram em sua casa por um bom tempo já se agilizaram me ajudando no que fosse necessário fazer para começar uma vida por aqui, afinal, eu achei que moraria por aqui por um tempo, quem sabe até o final do mestrado. Vale falar que esse "achar" é totalmente mental, racional, baseada nos passos que eu vinha dando.

Dois dias depois eu fui enfim conhecer a universidade em que eu iria fazer o mestrado. Até então eu tinha tido diversos contatos com o coordenador e com a secretaria do curso, mas a conversa nunca é clara e totalmente transparente como de forma presencial, ainda mais falando-se em negociações com uma instituição de outro país com cultura e forma de lidar com as situações totalmente diferente do que estamos habituados no nosso país de origem.

Por e-mail estávamos negociando para que eu pudesse ingressar ainda naquele semestre, fazendo poucas disciplinas pois era o que seria possível para eu conseguir correr e acompanhar o andamento da turma.

Essas poucas disciplinas já daria um vínculo como estudante para legalizar a minha morada por aqui, isso também já iria facilitar para eu pedir autorização de residência estando matriculada numa instituição, enfim, tudo me levava a crer que as coisas aconteceriam conforme a minha mente vinha planejando, pensando, acreditando.

Mas o que aconteceu? Conversando pessoalmente com a tão atenciosa e paciente secretária do curso, depois de muita análise, eu cheguei à conclusão de que não seria válido para mim eu me matricular em disciplinas que já estavam quase acabando só para dizer que eu estava estudando. Eu não iria adquirir o conhecimento que eu desejava, iria ter que correr para apenas ser aprovada. Não aprenderia nada.

Como todas as decisões que eu tomo desde toda a transformação espiritual que vem acontecendo na minha vida, eu saí daquela secretaria para silenciar e procurar a melhor resposta dentro de mim.

Em silêncio no pátio, procurei ouvir a voz do meu coração e seguir a minha intuição. Seria dentro do meu sentir que eu saberia o que fazer e a resposta veio:

— Não comece nada agora. Se for para fazer, será num momento em que conseguirá se dedicar e aproveitar ao máximo todo conteúdo que esse estudo irá lhe trazer.

Muitas das minhas decisões eu sinto que são tomadas com influência do que a Espiritualidade me sugere, me guia. Eles agem o tempo todo, nós é que não estamos atentos ou não temos consciência disso.

ELEVADO NÍVEL DE MEDITAÇÃO.

Eu já vinha praticando meditação há alguns meses, de forma intuitiva no começo, depois ia recebendo instruções a partir do canal no YouTube que eu comecei a estudar a Filosofia Yoga, o Corvo Seco e as práticas foram se tornando cada vez mais valiosas.

Unindo aqui e ali, insistindo em silenciar, em aprender a me ouvir, a observar meus pensamentos, eu comecei a acessar lugares muito além do que vivemos aqui, informações e respostas para o que eu nem estava procurando.

Na meditação conseguimos acessar o nosso "eu" mais profundo, aquilo que não virá do externo e nem de ninguém.

A meditação nos leva ao encontro com a voz de Deus que nos habita, nos leva a conexão com seres de luz que desejam nos ajudar por aqui na nossa missão espiritual, nos leva de encontro com uma verdade absoluta vinda do Universo, da Unidade, vinda do Divino.

Mas por que eu estou contando sobre os níveis de consciência que eu vinha acessando através das meditações?

Por que no dia 30 de novembro, apenas 6 dias depois de eu ter desembarcado em Terras lusitanas, eu acordei, tomei o meu café da manhã na casa dos meninos e fui para o "meu quarto" meditar.

Fiquei um bom tempo em silêncio, não sei quanto ao certo, creio que uns 20 minutos. Em seguida me ajoelhei e comecei a conversar com Deus, hoje não lembro ao certo qual foi o assunto abordado nessa conversa, risos, mas eu não venho pedindo muito, cada vez mais agradecendo e se peço, peço clareza, tranquilidade, discernimento, costumo pedir muito a sabedoria de Jesus para tomar as melhores decisões, para seguir o caminho que é para seguir.

Ah! Um pedido comum é que ele continue me ajudando para que eu siga firme no meu propósito de cada vez mais eu me entregar e confiar na sua providência, para que tudo seja feito dentro da sua vontade.

Ainda em vibração de oração eu ouvi uma voz que me dizia: "Você já tem tudo o que precisa para escrever esse livro." Era o meu Mentor e ele seguiu: "Esse mês de dezembro você vai se dedicar ao máximo a escrita do seu livro. Você precisa focar nisso nesse mês".

Aquela mensagem de que eu já tinha tudo para escrever o livro me trouxe um certo alívio, era como seu eu já tivesse vivido tudo o que precisava para constar nesse trabalho, nessa autobiografia e que a partir dali era fazer com que uma das minhas missões por aqui se tornasse real, fazer com que esse livro chegue ao maior número de pessoas possível.

Quando eu estava vindo do aeroporto para a casa dos meninos eu vi um café na esquina pertinho da casa deles e me chamou bastante atenção, me deu uma vontade de conhecer. Dias depois eu retornava a pé da estação de metrô, passando por ali novamente e o meu mentor me sinaliza algo quanto a esse local, ao café do Seu Fernando, como se eu tivesse que olhar para dentro e compreender algo.

Uma das formas que nos comunicamos é através de um sinal, algo como um sino que toca no meu ouvido direito e eu sinto a sua presença, muitas vezes junto vem uma dormência no ombro desse mesmo lado.

Eu sei exatamente quando é ele e com o tempo eu fui percebendo que ele sinaliza para que eu preste atenção em algo, para que eu analise, reflita, olhe, mas nesse dia eu não entendi o porquê dele me dizendo para eu entrar naquele café. Ele insistiu e eu, como tenho um carinho enorme por ele e confio no seu árduo trabalho, me guiando, entrei. Lembro-me que eu disse:

— Tá bom, vou ali ver o que é pra eu olhar.

Eu entrei, me sentei, pedi um descafeinado com um pastel de nata, conversei um pouco com o senhor dono do café, Seu Fernando, me apresentei e disse que estava hospedada bem pertinho, e que voltaria mais vezes.

Por que o seu Fernando aqui no meio da meditação?

Porque logo após ele ter me dito que era para eu focar na escrita do livro no mês que iniciaria no dia seguinte, dezembro, me vi sentada com o computador numa mesa ali no Seu Fernando. No mesmo momento, entendi que boa parte do livro, seria escrita ali — exatamente no local indicado.

Assim foi dezembro – eu passei o mês totalmente focada em orações, meditações e a escrita do livro.

Claro que, como eu estava dividindo o meu local de escrita entre o Seu Fernando e um café bem no centrão de Lisboa, aproveitava as idas e vindas para conhecer os lugares, visitar pontos turísticos e comer delícias portuguesas que tanto amo.

Em um final de semana, decidi visitar minha família de amigos no Porto, mas segui com a minha mochila, meu notebook e diariamente ia para um café trabalhar, totalmente focada no que eu sabia que dependeria só de mim — e assim o fiz. Foi gostoso ter ido até lá pois matei um pouco da carência e da saudade de pessoas que tanto amo e são tão especiais — principalmente — nessa fase da minha vida, que exige uma certa compreensão dos amigos, afinal, eu tenho estado um pouco distante, focada nesse processo intenso de descoberta e transformação espiritual, o que não é nada fácil. Além, claro, de dedicar atenção e viver o que eu precisava viver para escrever este livro. Aproveito a deixa para agradecer aqueles que souberam entender a minha ausência e pedir perdão se feri quem precisava da minha atenção. Infelizmente não fui capaz de estar presente em diversos momentos, de conciliar as coisas.

PAUSA – "É hora de cuidar de outras partes da sua vida".

No dia 24 de dezembro, foi a última vez que escrevi. Precisei fazer uma pausa e retornar ao Brasil ficando lá até meados de março, quando retornei para Portugal.

Chegando por aqui fui até o Porto e trocando ideias com o Paulo Guedes meu amigo do coração, cantor, poeta e escritor, cheguei à conclusão de que seria bom eu reler tudo o que eu já havia escrito até então para depois dar continuidade na escrita.

Conversando com a Celia minha mãe do coração e esposa de Paulo, falamos a respeito de eu analisar se os capítulos escritos estavam dentro do foco principal do livro; que é a minha história com relação a minha mãe, tanto em vida quanto na graça que foi concedida a mim de encontrá-la após a sua "morte", sobre o que passei a viver após entender que eu sou uma médium ostensiva e que tenho sim acesso a espiritualidade, toda minha caminhada com relação a essa compreensão e o relato da minha experiência vivida durante e depois do dia em que vivi a Iluminação Espiritual.

APENAS UM MEIO PARA CHEGAR AI

A minha mente planejou que eu voltaria para Lisboa para estudar, fazer o mestrado e conciliar a escrita do livro. Eu não tinha pressa para terminar o livro, nem tão menos para publicar. Na minha mente eu iria fazer aos poucos, dando conta de conciliar 5, 6 disciplinas presenciais das aulas e quando desce ia escrevendo o livro. Isso foi o que eu planejei.

O que aconteceu? Adivinhem o que eu senti?

Comecei a sentir que não queria ir para as aulas. Um sentir profundo, intenso, daqueles que eu já falei aqui para vocês que é o que vem guiando todos os meus passos.

Ok, entendi, respeitei os dias em que eu não quis ir para a aula, pois eu sei que esse sentir é algo que quer dizer algo muito maior do que um simples "querer". Porque querer, eu queria, eu estava com vontade de conhecer os meus professores, os colegas. Mas não era isso, algo me dizia que não era para eu ir.

Passaram-se mais dias e na semana de aulas on-line, pois estava sendo alternado, semana presencial, semana on-line, eu fui assistir uma aula on-line e eu continuava sentindo que não era para eu estar ali naquele momento – estranho. O conteúdo era interessantíssimo, um professor incrível, era aula de Cristianismo e eu me interessava muito pelo que ele trazia naquela noite em aula, mas o que eu sentia? Que não era para eu estar ali, que não era o momento.

O que fazer com uma cabeça dessas, minha gente? O que fazer com uma pessoa que movimenta toda uma vida para fazer um mestrado em Portugal e quando, enfim, é para estudar, ela "Sente" que não é para ser agora?

Pois bem, o "pensamento" seguinte que começou a se fazer presente era:

Eu vou terminar esse livro em abril. Eu quero terminar esse livro em abril. Eu preciso terminar esse livro em abril.

Eu estava ouvindo isso dentro de mim, estava sentindo, e eu não poderia deixar de seguir todas essas sensações para agir racionalmente e "ter" que fazer as disciplinas do mestrado só porque eu me matriculei e porque o mundo iria me cobrar se eu já estava estudando. O que eu fiz? Sabendo que eu precisaria me dedicar integralmente ao livro no mês de abril, eu fui até a universidade e tranquei os estudos para esse semestre.

Sim! Eu agi baseada em algo que eu estava sentindo que era para fazer, fugindo a todo o meu planejamento e mesmo sem entender ao certo por que eu estava com essa meta, sem fundamento algum, de terminar o livro em abril.

Segui desde o primeiro dia do mês diariamente em função desse trabalho, pois uma voz seguia me dizendo: "Você precisa terminar esse livro este mês, no máximo na primeira semana de maio. Foque nisso! Você precisa!"

Era a espiritualidade me orientando, hoje eu sei e enquanto eu ouvia eu sentia que era por algum motivo maior que eu fui instruída a fazer isso.

E claro, lembrar do que o meu Mentor me disse no final daquela experiência luminosa, foi essencial para a escolha de focar exclusivamente na escrita e finalização do livro no mês de abril. Ele me disse: "Você precisa se preocupar apenas com duas coisas; escrever esse livro e estudar a espiritualidade", o resto a própria espiritualidade já está cuidando de tudo.

Diante dessa fala eu pensei; se eu estou sentindo isso forte em mim, se todo sentir até agora deu certo quando eu segui, como eu vou me preocupar em me dedicar a aprender 6 disciplinas de um mestrado em paralelo a escrita e entrega desse livro que é, como ele diz, uma das duas coisas na vida que eu devo me preocupar nesse momento? Decisão tomada, doa a quem doer.

"TERMINE ESSE LIVRO EM ABRIL"

No dia 19 de abril, recebi um link pelo direct do Instagram de uma pessoa muito especial na minha vida, que já vinha me encaminhando conteúdos sobre editoras, sobre como lançar seu livro, assuntos afins, e esse falava da possibilidade de eu lançar o meu livro na Bienal de São Paulo. Como todos os outros encaminhamentos que recebo com relação a esse assunto, eu leio, pesquiso, vejo se me interessa, se faz sentido... Mas parecia bom demais para ser verdade essa mensagem ter chegado até mim e me trazer a possibilidade de lançar o meu primeiro livro logo na Bienal.

Entrei em contato com a responsável pelo perfil fazendo diversas perguntas e fui, claro, atrás de me certificar dos fatos. O que aconteceu? A Lella Malta me respondeu minutos depois, toda prestativa, esclarecendo todas as minhas dúvidas e me dando diversas orientações para que eu pudesse lançar o livro na próxima Bienal. Agendamos uma consultoria no dia seguinte onde norteou a minha vida com relação as decisões a serem tomadas para que esse livro pudesse se tornar real a tempo e, adivinhem? Eu recebi um prazo para entregar o livro para a equipe dela diagramar e transformá-lo num e-book e o deixar pronto para se tornar um livro físico. O prazo dado foi o dia 30 de abril, último dia do mês.

Coincidência? Sorte? Não! A espiritualidade age o tempo contribuindo para que as coisas aconteçam conforme é para acontecer, conforme é a vontade de Deus. É dessa maneira que eu sei que as coisas vem acontecendo na minha vida e daí, me diga, como não ouvir a voz do meu coração, o que eu sinto, a minha intuição?

CAPÍTULO VINTE E DOIS

QUE VERGONHA DE TI, MEU DEUS!

CERTEZAS

Eu não tenho certeza de nada do que vai acontecer daqui para a frente na minha vida. Eu só sei que o vou publicar este livro de forma independente no Brasil e aqui em Portugal, e que seguirei divulgando-o por onde o meu coração mandar e onde a espiritualidade me intuir.

Hoje eu divido casa com uma amiga aqui em Portugal e precisamos nos mudar até semana que vem. E o que veio ao nosso encontro?

Uma amiga querendo nos ajudar, conseguiu ver para que um quarto do apartamento onde mora seja alugado para uma de nós.

Eu como sei que seguirei viajando na mesma hora, abri mão desse quarto para que a amiga que eu moro hoje possa ficar.

Por quê? — Pausa para a "doida" aqui compartilhar o que SENTE que vai acontecer e, baseada nisso, precisa tomar sérias decisões.

Ontem chegou até mim a possibilidade de eu lançar o livro (esse que ainda não está pronto) na 26º Bienal Internacional do Livro de São Paulo, que acontecerá de 02 a 10 de julho de 2022.

Que ninguém nos ouça não, mas já está certa a minha reserva para lançamento do livro para o dia de abertura, dia 02/07, num sábado, das 21 às 22 horas. Eu poderei lançar, vender e autografar num evento tão importante da literatura — *e no meu país*.

Meu Deus! Uma oportunidade e tanto para eu começar a divulgá-lo, para que eu alcance o maior número de pessoas e cumpra com o meu papel. A única questão é que eu tenho pouco tempo para finalizar, enviar para a diagramação, para escolher e enviar para gráficas.

Sendo que eu gostaria que ele ficasse pronto aqui em Portugal para que faça mais sentido eu ter vindo escrever ele aqui e publicar por aqui. É o que diz a minha mente nesse momento, a minha razão, na real, falou agora — momento raro, diga-se de passagem.

Mas eu não sei de nada, o que importa é que a espiritualidade foi me guiando e, boa parte da minha história com ela, é por aqui. Por qual motivo querer entender e saber sobre tudo? Precisamos é viver e deixar fluir.

Depois que aprendi a viver ouvindo a voz do coração e da intuição, estranho quando sinto que preciso ser racional, prática. Às vezes, me vem um vento dizendo: *"Agora você que precisa unir informações, analisar, sentir e tomar decisões"*. E o momento que vivo é esse, de unir tudo e tomar decisões.

QUE VERGONHA DE TI, MEU DEUS

Voltamos ao assunto da casa.

Sabendo da "possibilidade quase certa" de eu voltar para o Brasil no final de junho para o lançamento do livro por lá, eu não posso me comprometer em alugar nada junto com elas, fica bem difícil eu conseguir alugar um quarto, que é bem comum aqui, pois as pessoas procuram alguém que possa se comprometer com as despesas da casa, compartilhar o espaço e por apenas dois meses eu já percebi que não é viável.

Até porque nesse momento da minha vida, já estão acontecendo muitas novidades e muitas mudanças para eu ir exatamente para fora ,morar com pessoas desconhecidas, num local desconhecido. Creio que não seria bom para a minha saúde mental e emocional.

Querendo ou não são duas pessoas que eu tenho um imenso carinho e nos damos super bem. Parece estar tudo certo então, é só eu dizer que vou. Vamos aos fatos: é super bem localizado, pertinho da praia, fácil acesso para eu me deslocar para onde quiser, tanto agora finalizando este trabalho, quanto depois me mexendo para que ele se torne conhecido.

Sabe o que "pegou"?

Eu não teria um quarto só para mim e a Paloma amada se dispôs a me ceder a sua cama por esses 2 meses para que eu colocasse numa sacada que dá acesso aos dois quartos, que é fechada por vidros, o que transformaríamos temporariamente num quarto. Nesse período em que eu ficaria na casa dela, ela dormiria no chão para me ceder a sua cama, já que na sacada é muito frio. Deus que coração Paloma!

Eu precisava tomar uma decisão para começar a me movimentar, seja para procurar algo ou para dizer para elas no grupo que criamos para procurar aluguel juntas, que eu aceitaria o imenso carinho dela em também me acolher por esse período.

Foi então que eu comecei a pensar, refletir, meditar antes de tomar qualquer decisão.

Me posicionei dizendo que iria sentir mais a respeito, analisar o que eu iria fazer, na verdade eu iria olhar para dentro de mim e encontrar uma resposta para essa decisão.

Se eu não disse de imediato que sim, era porque algo "estava pegando", mas eu não sabia direito o que era. Foi então que eu procurei olhar para o que eu vivi nos últimos meses, para o que eu estava vivendo atualmente, o modo como vinha me instalando e como agora estava instalada. Procurei entender o que se passava.

Ontem final do dia eu me visualizei saindo do quarto em que moro a 18 dias, que me sinto confortável, alojada, quentinha, segura, onde as minhas roupas estão num guarda-roupa e numa cômoda e não mais numa mala como nos últimos tempos.

Olhei para os meus livros organizados numa prateleira, meus murais de frases que trago como mantra já colocados na parede e principalmente, com privacidade depois de exatos 4 meses morando na casa de amigos acolhedores claro, aqui em Lisboa, no Porto e no Brasil.

Por mais que todos eles tenham sido amorosos ao extremo e fizeram de tudo para que eu me sentisse a vontade enquanto dividiam os seus lares comigo, chegou um momento que eu queria um lugar para chamar de meu e me aquietar.

Eu segui feliz por muito tempo e não tendo muitos problemas com isso, pois eu já vinha num processo de desapego intenso ao longo do ano. Mas ter vindo para essa casa, ter esse quarto, foi um alívio absurdo!

Eu estava sentindo muita falta de ter um lugar só meu, mesmo que por pouco tempo. Quando eu coloquei os pés nessa casa, ouvi que não ficaria ali nem três meses.

Mas por qual motivo eu estou contando toda essa história?

Chegando em casa no dia da informação que eu poderia ter um lugar para viver por esses dois meses no apartamento da Paloma, antes de ir para o meu quarto eu senti que queria fazer uma oração, ler uma página aleatória do evangelho e assim fiz.

Abriu num capítulo sobre a intensidade da oração, do que importa não é a quantidade da sua conversa com Deus, nem onde você ora, nem diante de quem você ora, mas que o simples ato de ir para o quarto e conversar com ele pedindo ajuda para for necessário, tendo o perdão presente na sua vida diante de todas as situações, que você será atendido.

Era o que eu precisava ouvir, eu sabia.

Fui para o quarto e, antes de dormir, me ajoelhei e comecei a conversar com ele dizendo o que eu estava passando.

Aos poucos, as respostas foram vindo. Fui percebendo que eu estava com dificuldade de ir para esse apartamento porque eu teria que renunciar ao conforto que, enfim, estava vivendo, que eu não gostaria de, naquele momento, voltar a não ter privacidade.

A possibilidade de me instalar na sala, de ter que ver minhas roupas mais uma vez dentro de malas... A minha mente estava achando que eu não iria me sentir confortável. Eu dizia que estava com dificuldade de lidar com isso de novo.

As lágrimas correram solto quando me veio a lembrança de uma conversa que eu tive com ele no ano passado, quando eu ainda morava no apartamento que já estava por 5 anos, lá em Florianópolis.

No Brasil, curvada em oração no tapete da minha sala eu comecei a pedir a Deus que iluminasse o meu caminho, que me mostrasse por onde eu deveria seguir, pois eu não conseguia engrenar em nada que me desse dinheiro, em nenhuma área profissional, eu me sentia estagnada. Isso deveria ser lá por final de outubro, início de setembro.

Aos prantos, e sem consciência do que eu seguiria falando, eu apenas senti e deixei que a fala viesse:

"Meu Deus, eu abro mão de tudo o que eu tenho para seguir contigo!

Eu abro mão de todo conforto, da minha casa, das minhas roupas, eu abro mão dos relacionamentos que eu tenho hoje, de tudo, meu Deus! Se for para seguir levando o teu amor adiante, para seguir fazendo o bem, falando da tua luz, falando de Jesus.

Meu Deus, me leva para onde for preciso, mas eu quero seguir fazendo o bem. Eu viveria se fosse preciso numa aldeia indígena, descalça, comendo o que tivesse para comer, se fosse para seguir falando da tua luz que é tão grande em mim e na minha vida."

Ao lembrar ontem em oração do que falei pra Deus, eu me senti tão envergonhada, mas TÃO envergonhada! Eu aqui na Europa, sendo "financiada" nesse período enquanto escritora, cercada de seres de luz que estão nessa jornada junto comigo, acolhida por pessoas tão amorosas, o tempo todo amparada pelo meu Mentor e por toda a Espiritualidade que me assiste.

É isso mesmo? Eu estou mesmo preocupada e apegada a desejos do meu ego? Preocupada onde as roupas estarão? Preocupada onde vou dormir sendo que terei um teto para dormir? Cadê aquele ser espiritual todo entregue a seguir com Deus, com Jesus? Cadê?

Na mesma hora uma tranquilidade tomou conta de mim e eu aceitei prontamente ir passa esse tempo com elas, que certamente será muito valioso.

Foram me vindo clarezas de que seria algo temporário, que eu precisaria aprender a lidar com uma rotina meio nômade por um tempo da minha vida. Senti alguém me dizendo que no tempo certo, eu teria um lar, um quarto, um lugar para ter minhas roupas e me sentir tranquila, sem ter que andar mais tanto para lá e pra cá.

Senti ali que esse dia chegará, mas que eu preciso ter paciência nesse momento e ceder aos meus luxos do ego.

Agradeci a Deus por tantas bençãos. Imagina! Agradeci por eu estar passando por essa transição de casa, por morar numa sala, porque a Espiritualidade me levou até a Bienal para lançar meu livro por lá. Só gratidão, Senhor! Pedi perdão por eu ter sido tão mesquinha, ter sido tão egoísta e pedi que Ele me desse paciência, sabedoria e discernimento para lidar com essa fase da minha vida, com esse movimento todo que vivo, com todas as mudanças que estão por vir.

Pedi a ele que me ajude para que eu continue me entregando e confiando, pois eu desejo que seja feita sempre a sua vontade e não a minha.

COMPREENSÕES PARA NOVAS DECISÕES

Entender que eu iria mesmo para São Paulo, para essa Bienal envolveria muitas decisões, preciso encontrar um editor, alguém que trabalhe com capa, diagramação, por que eu preciso me movimentar para que existam volumes físicos deste livro, preciso tomar a decisão de marcar uma passagem o quanto antes para não pagar horrores pela diferença (eu já tenho uma de volta, preciso remarcar), pois quanto mais em cima mais diferença terei que pagar e por mais que a espiritualidade me diga que não é para eu me preocupar com dinheiro durante essa fase toda, se eu posso pagar menos, por que não?

O que vem até mim é a sensação de que não devo me fixar ou me comprometer com nada por aqui, que seguirei viajando. Quem sabe até nesse tempo por aqui andarei um pouco na estrada, eu não sei de nada e não tenho como saber.

Parece tudo loucura, eu vim em dezembro escrevi 80% do livro durante esse mês que fiquei por aqui. Voltei para o Brasil vivi momentos intensos e valiosos que a espiritualidade me orientou que eu precisava viver; eu me entregando e confiando segui viagem.

Voltei em março, chegando aqui eu ouvia uma voz que me diz para eu não começar agora esse mestrado que eu estava por iniciar.

Eu ouvia que eu precisaria focar todas as minhas energias nesse livro para terminar em abril, que eu não precisaria começar a estudar agora, que eu teria tempo quando eu quisesse seguir com o estudo das Ciências da Religiões.

Lembro-me que eu me perguntava:

— Meu Deus! Será que essa voz é alguma coisa da minha cabeça? Pois eu não preciso ter pressa para terminar o livro, eu não tenho prazo de entrega, nem dada!

Os dias foram passando e o pensamento já havia se tornado uma intuição:

Eu não devo dividir a minha atenção com mais nada. Eu só devo me preocupar em escrever o livro neste momento, neste mês de abril. Eu quero terminar esse livro no mês de abril, no máximo na primeira semana de maio.

E baseada em uma intuição ou na instrução do meu Mentor, porque eu sentia que ele também queria me dizer isso, eu tomei a decisão de não fazer nada além de escrever o restante deste livro no atual mês de abril em que vivo e, mesmo sabendo que viriam julgamentos por aí, nem iniciei o "tal" do mestrado que eu vim fazer aqui.

E o que aparece agora no final do mês de abril? A oportunidade de levar ele para Bienal, mas a equipe de Diagramação precisa que eu envie o arquivo com o manuscrito completo até o dia 30 de que? De abril. Coincidência?

Até a segunda quinzena de junho ele estará pronto por aqui e eu retorno para o meu país para lançar ele nada mais nada menos do que na Bienal – eu não busco entender, mas a sensação que tenho é que não sou eu o personagem que está vivendo essa história. Eu parei de procurar entender desde que me entreguei para que Deus me leve para onde ele deseja.

Tudo vem acontecendo tão rápido e fico pensando que se realmente essa possibilidade acontecer, realmente a espiritualidade está agindo providencialmente, preparando tudo o que precisa ser preparado para que esse livro possa ajudar o máximo de pessoas.

CERTEZA? Eu não tenho de nada, não temos de nada.

Você pode não perceber, mas quantas vezes sai de casa com muitos planos para o seu dia e, no final dele, percebe que nem tudo correu como planejado?

Nossa mente planeja, cria expectativas e nós nos tornamos

esses seres ansiosos e frustrados diariamente; tendo essa consciência tudo fica mais leve, mais fluído. A forma como conduzimos os nossos dias, nossos pensamentos, nossas escolhas, nossas ações, essas sim impactam diretamente no que poderá acontecer. Isso sim são sementes que colheremos bons frutos.

A única certeza que eu tenho é que eu me entrego a todo amor divino que habita em mim, a essa presença de Cristo nos meus dias me ajudando a ter fé no mesmo Deus que o fez seguir por onde seguiu.

Me entrego ao fluído do amor universal e fraternal que nos leva para as realizações que se voltam para o bem comum.

Me entrego e confio que eu não tenho que querer muita coisa, que a minha história já foi escrita pelo "Editor" lá de cima, que já está pronta; que eu preciso é viver o hoje, o agora, pois é tudo o que tenho.

Eu preciso é seguir tentando viver meus dias de forma presente e plena. Segura de que tudo está onde é exatamente para estar.

Já está tudo pronto, eu é que não sei dos próximos capítulos e é aí que mora o segredo, CONFIAR! CONFIAR!

Essa parte do livro será publicada, depois veremos no que deu. Pode ser tudo criação da minha cabeça, pode ser a minha mente confundindo as coisas, pode ser criatividade e muita autoconfiança minha, pode ser tudo — mas pode ser também que os caminhos mudem, pode ser também que tudo aconteça dentro do que venho sentindo neste movimento.

Independentemente do que vier a acontecer, está tudo bem, sem auto julgamentos por aqui, eu só senti que este momento precisava ser compartilhado neste escrito.

CAPÍTULO VINTE E TRÊS

UM ENCONTRO DE LUZ

Faltavam 8 dias para eu seguir viagem para cá, para eu vir para a Europa e eu não me preocupava por nenhum segundo de onde viria o dinheiro para eu seguir a minha vida por aqui.

Nesse momento da história o "Me entrego e Confio" realmente era vivido na prática. Eu tinha a certeza de que a minha vida profissional dali em diante seria através da escrita e que eu passaria em seguida e viver disso, a entrar dinheiro através do meu trabalho como escritora.

Tudo isso ficou muito claro no último encontro com o meu Mentor espiritual, quando eu acreditei, tive fé na informação que ele me trouxe de que eu não teria noção do que aconteceria comigo com relação a essa nova carreira profissional. Ali eu não tinha saída, diante de todos os argumentos trazidos por ele, que eram tão claros e convincentes, eu fui obrigada a olhar para essa informação como uma verdade e que eu não poderia mais fugir dela, tentando fazer dinheiro por outros caminhos. Dessa maneira então, eu sabia que não iria trabalhar com qualquer outra coisa aqui em Portugal para me manter, eu precisava focar na escrita desse livro e no estudo da espiritualidade.

Com isso, às vésperas de viajar, alguns amigos mais próximos me perguntavam com que eu iria trabalhar aqui e eu respondia que seguiria escrevendo o livro. A pergunta era sempre a mesma:

— Tá, mas o dinheiro vai vir de onde?

Nessa hora, eu tinha que escolher para quem responder e o que responder, para não ser taxada ainda mais de louca.

Em alguns momentos, respondi simplesmente que estava tudo bem, que ninguém precisava se preocupar com isso, pois tudo iria acontecer no tempo certo, causando, logicamente, muito estranhamento. Como essa guria está embarcando e não tem dinheiro para viver lá e ainda diz que não vai procurar trabalho até terminar o livro?

Lembro-me de uma reuniãozinha de despedida que fizemos com três amigos bem próximos e que eu fui o tema da noite, o "Me entrego e Confio" já tinha virado até "meme".

Me perguntavam:

— Tá, mas essa espiritualidade que te guia vai pagar as tuas contas em euro?

Eu levei na esportiva, claro, pois tinha total empatia pelo que eles estavam pensando a meu respeito diante de uma entrega tão absurda.

De verdade, nesse ponto da história, faltando apenas 8 dias para viajar, o meu coração estava tão tranquilo, tão em paz! Eu tinha a certeza dentro de mim de que tudo daria certo, pois estava seguindo os dias tomando as decisões de acordo com o que eu vinha aprendendo a viver, mais uma vez: ouvindo a voz do meu coração, sentindo e ouvindo a minha intuição e, claro, sem medo algum, acreditando piamente que as decisões tomadas estavam sendo as corretas, pois não havia dúvida ou incerteza de nada, simplesmente era o que precisava ser feito.

SIM, HOJE É O DIA!

Acordei no dia 16 de novembro e me sentei na cama com uma informação que eu jurava que não iria acontecer, que viria de dentro de mim. JAMAIS! Até um dia antes, isso nem passava pela minha cabeça, era totalmente fora de cogitação.

Eu mal tinha aberto os olhos e falei para mim mesma:

Sim, vou criar um grupo agora mesmo com o Seu Fernando, Dona Lecir, Fê, Dudu e o Andrey e vou marcar um encontro com eles. Chegou a hora dessa conversa acontecer!

Um estranhamento enorme tomou conta de mim, mas era o

que precisava acontecer. Mais uma vez, era um sentir absurdo dentro de mim e nada — mentalmente ou racionalmente — que tentasse me convencer do contrário, obteria sucesso. Esse encontro estava prestes a acontecer!

Tomei meu café da manhã, não comentei nada sobre o que eu iria fazer e, logo depois, me sentei no sofá e criei um grupo no *whats* chamado "Um encontro". Adicionei quem eu tinha que adicionar e enviei algo parecido com:

Bom dia, família!

Vocês devem estar estranhando um grupo, com esse nome, ter sido criado, mas eu já vou explicar o motivo. Eu preciso muito conversar com vocês 5 sobre um assunto bem importante, valioso. Não para mim, nem para vocês, mas é sobre algo que poderá — e certamente — impactará muitas pessoas para que elas não percam as suas vidas, contribuirá para algo maior. Para isso, contudo, eu gostaria de conversar com vocês pessoalmente. Se possível, ainda esta semana. Então, peço um tempinho, algo em torno de uma hora, para que possamos nos encontrar.

Enter. Enviado.

Receio do que iriam pensar, medo ou insegurança? Nenhum! Eu não tinha dúvidas de que era o que precisava ser feito. Agora como eu iria conduzir a conversa, o que eu iria falar eu não estava nem me preocupando, eu só sabia que precisava seguir a mesma receita para tudo até então; acreditar, não ter medo, ouvir a voz do meu coração, ouvir a minha intuição, dar atenção a minha espiritualidade. Era o que eu iria fazer e sei que eu não estaria só na hora desse encontro.

CHEGOU O DIA

Ali no grupo, discutimos o melhor dia e hora até chegarmos no consenso e lá estávamos nós, num dia de semana à tarde na casa da Fernanda. Tomamos um cafezinho com um bolo que a

Fer havia colocado numa bancada, demos umas risadas, conversamos algo aleatório. O Seu Fernando estava lá para dentro tirando uma sonequinha depois do almoço, até que decidimos nos sentar no sofá da sala juntos.

E lá estava eu, vivendo a cena que eu havia enxergado no dia da iluminação e que jurava ser impossível — e que eu não iria me movimentar de forma alguma para que isso acontecesse.

Nem preciso dizer que foi difícil começar essa conversa quando eu os vi me olhando, aguardando que eu começasse a falar.

Ali só a Fê e o Dudu sabiam mais de perto o que eu vinha passando com as questões espirituais, conheciam um pouco a minha história de vida com a minha mãe, com a minha família e, por isso, achei necessário fazer um breve relato para que os demais tivessem conhecimento sobre quem era a Shirley, o que ela viveu quando criança e o que vinha passando nos últimos tempos.

Atualizando-os, voltei para o que vinha acontecendo desde que havia me desligado das lojas, para tudo o que eu passei com a ansiedade, com o Burnout e o processo intenso de entrega ao autoconhecimento, chegando ao acesso ao mundo espiritual que, até então, era um mundo desconhecido para mim.

Eles me ouviam, todos muito atentos e, em alguns momentos, quando as lágrimas vinham à tona, seus olhos também marejavam.

Faça o que quiser de mim.

Lembro-me de ter me entregue totalmente àquela situação quando expressei algo que era/é tão latente em mim. Sobre o meu desejo absurdo de fazer o bem. Da ânsia que brota do meu coração de querer viver falando do amor e ajudando as pessoas. Trouxe sobre o que eu disse a Deus, que eu seguiria de olhos fechados para onde tivesse que ir, se fosse para continuar a minha vida espalhando o seu amor, o bem e a caridade.

EXPERIÊNCIAS ANÔMALAS

Eu não tinha muito conhecimento sobre as suas crenças, apenas que a Dona Lecir é uma mulher de muita fé. No entanto, não me preocupava com o que iriam pensar, eu só precisava falar o que a espiritualidade me guiava e o que eu sentia que precisava ser dito.

Contei então sobre o encontro espiritual com a minha mãe, tudo o que vivemos juntos em março daquele mesmo ano. Falei sobre o encontro que tive também com o meu Mentor, no qual ele me falou que esse seria o meu caminho e que não adiantaria mais fugir, que tudo seguiria conforme era para ser, que eu não me preocupasse com dinheiro — *principalmente isso, que eu não me preocupasse em nenhum momento com o dinheiro!* Que eu seguisse meus dias ouvindo a voz do meu coração, da minha intuição e dando atenção a espiritualidade. E, claro, não poderia deixar de falar sobre o divisor de águas da minha vida que foi o dia da experiência luminosa, que transformou radicalmente o meu ser.

Eles perguntavam alguma coisa ou outra, se emocionavam, eu percebia uma crença em tudo o que eu falava e assim eu continuava trazendo todo o meu discurso, nada ensaiado, pelo contrário, totalmente intuitivo.

O LIVRO E NOSSAS MISSÕES

Lógico que não teria como detalhar tudo o que aconteceu no dia da iluminação, eu trouxe apenas o que sentia ser relevante para o nosso encontro.

Entre diversas partes que eu compartilhei com eles, eu cheguei ao momento em que o meu Mentor me explicou que eu não havia entrado na empresa apenas para trabalhar, que sim, teríamos uma história profissional muito bonita juntos, mas que o verdadeiro motivo estava agora por se concretizar.

Foi então que eu falei o que soube, emocionadíssima, claro! Que todos eles são espíritos de luz que decidiram reencarnar na mesma família para que pudessem seguir ajudando, amando e cuidando daqueles que os cercam, fazendo o bem de todas as formas possíveis e que eles mesmos haviam decidido antes de reencarnar nessa vida, que iriam nesse momento contribuir para que eu conseguisse cumprir com a minha missão de vida que seria tornar esse primeiro livro real, contando a minha história vivida com a espiritualidade.

Uma forte emoção tomou conta de mim, pois eu estava ali na cena que eu já havia visto e que jurava não se tornar real em momento algum, pois na minha mente, não queria de maneira alguma que isso fosse feito, não fazia sentido eu pedir dinheiro para "estranhos".

Falei, com clareza, sobre o que a espiritualidade vinha me dizendo, que eu não tenho ideia da proporção que esse livro irá tomar, que essa informação era 0% minha e que, na verdade, eu custei a acreditar... No entanto, diante da experiência maravilhosa que venho tendo com o mundo espiritual, todas verdadeiras, não duvido de mais nada. Só sigo acreditando que será feita a vontade de Deus e que eu seguirei aqui, humilde, querendo cada dia me tornar um ser humano melhor.

Expliquei que eu estava apenas fazendo o que a espiritualidade havia me pedido para fazer, que a minha razão jamais faria isso, que eu poderia muito bem tentar um empréstimo, conversar com outras pessoas bem mais próximas que poderiam me emprestar um dinheiro até que o livro se tornasse concreto e me trouxesse retorno. Mas não, eu precisava fazer o que era para fazer. Afinal, a espiritualidade disse que não seria mais ninguém, que eles já haviam escolhido participar desse momento da minha história, exatamente agora.

PARTE PRÁTICA

Fechando a minha parte da fala:

— Eu não sei muito bem como isso pode ser feito, eu não sei como irei pagar, eu não sei quando terei o dinheiro para quitar o empréstimo, eu não sei de nada. E sei também que pode parecer tudo uma loucura eu estar aqui reunida com vocês, pedindo para que me ajudem neste momento da escrita do livro... Tudo o que eu tenho a dizer, no entanto, é que estou fazendo o que me foi pedido para fazer. Existe uma certeza absurda dentro de mim de que tudo isso retornará a vocês. Hoje eu não tenho dinheiro, não tenho nem R$ 400 na minha conta, mas o meu coração me diz que não é para eu me preocupar com isso. Como vamos fazer, eu não sei direito. Eu só sei que precisava ter essa conversa com vocês. Lá na frente, iremos entender.

RESPOSTAS DIANTE DE TANTA LOUCURA

Chegou a hora de ouvir e eu não sabia o que me esperava, eu só sentia que estava fazendo o que precisava ser feito. Com o resto eu não precisaria me preocupar.

Era um momento de forte emoção para mim, eu não lembro quem falou primeiro, só lembro que a Dona Lecir ao falar se emocionou muito dizendo que me entendia, por que ela sente isso desde muito tempo dentro dela, uma vontade latente de fazer o bem e que vem encontrando com o tempo formas de incluir isso na sua vida e que me ver falando tudo o que falei, que ela não tem como duvidar da veracidade e da minha intenção e que iria sim ajudar, que iríamos ver uma forma de me ajudar.

A Fê também disse que não tinha como não duvidar de nada do que eu falava, pois era tudo vindo de uma forma tão intensa e verdadeira que só tem a acreditar. Que o amor que eu falo que encontrei em Deus é algo tão forte, tão intenso que é perceptível toda veracidade e intenção. E que sim, iriam ver uma forma de me ajudar.

Todos foram a favor de participar desse "financiamento" louco enquanto eu escrevia o livro. No final da conversa, Dudu me perguntou por quanto tempo eles iriam custear as minhas despesas e eu respondi mais uma vez algo que eu sentia: um ano. Deixei claro, no entanto, que eu não tinha ideia do porquê dessa resposta, mas que foi um número que surgiu ali, uma intuição.

Saí desse encontro tomada por uma energia de amor indescritível, toda dormente. Eu sabia que não estava só.

O que não existia ontem, de uma hora para a outra já estava tudo certo, até como eu iria resolver as coisa que já havia me comprometido sem ter de onde tirar dinheiro, pois no final da conversa eu falei sobre a minha certeza de que tudo iria se ajeitar e o dinheiro viria; que eu já tinha até comprado a passagem parcelada e não tinha dinheiro, falei que eu tinha comprado o computado do próprio Dudu e não tinha dinheiro, tudo num fluído absoluto de fé. Dias seguinte tudo isso já estaria numa planilha onde tudo será acertado depois. Quando? Não sei, mas será!

ATUALIDADE

Há 5 meses eu vivo dessa forma, desse financiamento maluco, sem data e prazo para pagamento — mas um financiamento de muita confiança, tanto da minha parte, quanto da deles. Ninguém deixou de cumprir o acordado.

É algo difícil de explicar a relação que existe entre mim e essa família de luz. Cada vez que eu converso com o Dudu sobre alguma decisão que irei tomar com relação ao livro e que pode parecer absurda para qualquer ser humano mortal, ele diz, confiando plenamente que eu não estou brincando em serviço e sabendo que eu irei pagar cada centavo depositado na minha conta, até encerrar o nosso combinado, que é em dezembro deste ano:

— Faça o que precisa ser feito. Só me passa o valor e a conta direitinho.

AGRADECIMENTOS

Se não fosse a Espiritualidade me trazer a informação de que eu iria escreveria este livro, nada disso estaria acontecendo.

Sou eternamente grata a todos os Seres de Luz que vivem no plano espiritual e que dedicaram tanto tempo e energia a mim durante essa minha caminhada até aqui.

Agradeço a eles pela paciência em lidar com a minha teimosia e com a minha resistência até que eu entendesse que eu não poderia mais fugir de algo que eu mesma escolhi antes de vir para cá. Seguir por aqui sendo escritora já estava nos planos de Deus para mim.

Ao meu Mentor Espiritual, toda a minha gratidão e reconhecimento pela sua imensa importância na realização deste projeto. Ele se fez presente a todo instante, me guiando e iluminando os meus passos para que cada pequena fase desafiadora fosse vencida e eu pudesse realizar esse sonho.

A sua amorosidade e dedicação eram demonstradas em pequenos gestos; me apontando através da minha intuição tudo o que eu deveria saber no momento e na hora certa para tomar decisões tão significativas, para que tudo fluísse da melhor maneira durante as intensas reviravoltas que a vivi e me levaram a flutuar pela vida durante 1 ano e 2 meses até que essa escrita se materializasse. Seguiremos juntos trabalhando no nosso propósito que é o mesmo, levar o amor e a luz de Deus adiante.

Quantas pessoas se fizeram presente e de diversas maneiras me ajudaram para que esse livro se tornasse real.

Foram inúmeras e cada qual com suas participações extremamente especiais. As terei guardado para sempre dentro do meu coração e nunca esquecerei um só minuto de amor, tempo e amparo direcionados a mim durante todos os momentos dessa minha jornada intensa de transformação espiritual, mas eu senti que escrever o nome de todas aqui não seria a forma mais valiosa de agradecimento e eu não queria correr o risco de deixar nenhuma delas de fora.

Sei que isso poderá causar estranheza, mas eu senti que não será citando nomes por aqui que os fará menos ou mais importante, todos os que contribuíram para que eu pudesse seguir firme e não desistir para que essa conquista fosse alcançada. Todos sabem da minha eterna gratidão e meu amor eterno por cada um deles. É natural que o ego sinta essa necessidade, mas eu certamente terei a oportunidade de agradecer mais uma vez, pessoalmente, a cada um de vocês.

Você que me ajudou e me trouxe luz de alguma maneira, receba meu abraço nesse momento.

Eu sou muito feliz por Deus ter colocado você no meu caminho, gratidão eterna, eu sempre estarei aqui.

E principalmente eu agradeço a Deus, que é o nosso Pai de bondade e de toda misericórdia.

Eu sempre soube da sua existência, muito rezei e conversei com Ele ao longo da vida, mas foi só agora depois que eu acessei o mundo espiritual que o senti Vivo dentro de mim.

Hoje eu não procuro Deus em lugar algum, eu o sinto a todo instante dentro do meu ser e essa presença contínua me libertou de qualquer medo ou insegurança que a vida material poderia me trazer.

Pai amado! À ti toda a minha gratidão por ter me permitido viver as experiências milagrosas para aqui serem contadas, por ter me agraciado com o Dom da Mediunidade, esse presente que eu prometo valorizar e desenvolver todos os dias da minha vida enquanto ser materializado que sou.

Obrigada meu Deus por confiar a mim projetos tão valiosos e significativos junto da Espiritualidade, podes ter a certeza de que eu não vou te decepcionar. Seguirei todos os dias da minha vida me entregando e confiando totalmente a ti, certa de que sempre será feita a tua vontade.

SOBRE A AUTORA

Shirley Venancio tem 42 anos e, desde sempre, ama lidar com pessoas. É conhecida por ser doce, muito paciente e amorosa. Determinação, resiliência e realização são atributos que formam sua sutil e forte personalidade.

Atualmente se dedica ao estudo da Psicologia Transpessoal, da Filosofia Yogue e aceitou seguir o contínuo estudo da Espiritualidade.

É apaixonada pelos felinos, viagens, música e por comidas simples e cheia de amor.

Praticante de meditação, médium, busca cada vez mais desenvolver a prática pois sabe que isso a conecta intensamente com o mundo espiritual.

Pisciana sonhadora, mas muito pé no chão tem certo de que irá realizar seus sonhos que hoje parecem ser "absurdos e distantes". Afirma que dará vida a casas de acolhimento para idosos e pessoas em situação de rua. Serão lugares coloridos, felizes e com muita música.

Desenvolverá projetos para receber e educar crianças carentes, Ela se desprendeu muito do apego material desde que decidiu se dedicar unicamente a uma profunda transformação pessoal, moral e espiritual. Isso a fez rever seus valores e recomeçar uma vida do zero a partir do momento em que assumiu ser escritora e publicar seu primeiro livro.

Desde que viveu, em setembro de 2021, uma intensa experiência luminosa, mudou totalmente a sua forma de viver, passando a seguir fielmente a sua intuição e o seu coração causando, claro, estranheza dos expectadores da sua vida.

Hoje é vista como uma pessoa muito corajosa por assumir essa nova vida, por assumir esse novo ser que renasceu após a sua Iluminação Espiritual. É ainda alvo de muitos julgamentos e estranheza pois assumiu e toma decisões que exigem total entrega a Deus e ao que a Espiritualidade lhe conduz.

Cheia de gás , determinada e muito confiante segue sua nova trajetória grata por saber que a sua escrita levará palavras de amor, de luz e de perseverança.